BERNARD JAKOBY

Warum sind wir auf der Erde?

BERNARD JAKOBY

Warum sind wir auf der Erde?

Nahtoderfahrungen und Rückführungen – was sie uns über den Seelenplan des Lebens sagen

nymphenburger

INHALT

EINLEITUNG

Sterben ist ein universelles Erleben auf der ganzen Welt. Durch die intensive wissenschaftliche Erforschung von Nahtoderfahrungen und durch Beobachtungen des Sterbeprozesses durch die Hospizbewegung wissen wir heute mehr denn je darüber, was wir erleben werden, wenn wir sterben. Die gegenwärtigen Erkenntnisse darüber, dass wir viel mehr sind als unser Körper, haben zu bahnbrechenden Einsichten bezüglich der Realität von Bewusstsein und Seele geführt: Bewusstsein und Seele sind nicht auf den menschlichen Körper begrenzt, sondern existieren unabhängig davon.

Die Sterbeforschung kam schon vor Jahren zu dem Schluss, dass Nahtoderfahrungen und Sterbebettvisionen auf eine permanente Kontinuität des ewigen Lebens verweisen. Wir leben nicht nur einmal, sondern sind von unserem Kern ewige geistige Wesen, ohne Anfang, ohne Ende. Leben ist immer da, und wir bewegen uns fortlaufend von einer Dimension in eine andere, um zu erkennen, dass wir Liebe sind und mit unserem Ursprung – der göttlichen Quelle allen Seins – verbunden sind. Jedes einzelne Leben, das wir auf der Erde leben, dient der Bewusstseinserweiterung, um die inwendige Liebe zu leben. Der Mensch ist eine Seele, und diese ist unsterblich.

Nahtoderfahrungen zeigen auf, dass unser außerkörperliches Bewusstsein Ereignisse gleichzeitig wahrzunehmen vermag und sich durch einen bloßen Gedanken in Sekundenschnelle überall aufhalten kann. Die Informationen, die ein Erlebender erhält und die er von der Lage seines Körpers gar nicht wissen kann, haben sich durch zahlreiche Untersuchungen von Forschern auf der ganzen Welt verifizieren lassen. Im Körper sind wir auf unsere Sinneswahrnehmungen angewiesen, doch im außerkörperlichen Zustand erweitert sich unser Bewusstsein, sodass wir uns sogar an mehreren Orten gleichzeitig aufhalten können. Die Begegnung mit dem göttlichen Licht und der bedingungslosen Liebe ist ein Transformator der Persönlichkeit des Erlebenden.

Nahtoderfahrungen mögen viele Gesichter und Formen haben, aber das Durchdrungensein vom Licht der Liebe stellt alle menschlichen Vorstellungen von Gott in Frage. Durch das göttliche Licht, dem wir alle entstammen, und den göttlichen Funken in uns sind wir nie von Gott getrennt. Alle Menschen sind eingebunden in ein größeres Ganzes. Der innewohnende Seelenplan, den wir vor jeder neuen Inkarnation erstellen, dieses Muster der Ausgleichung vorangegangenen Karmas (Ursache – Wirkung) beginnt weder durch die Geburt noch endet es mit dem irdischen Tod. Es gibt keine Grenze für das immerwährende Kontinuum des Lebens.

Rückführungstherapeuten auf der ganzen Welt verweisen auf das innewohnende Potenzial des Menschen, uns durch die innere Stimme des höheren Selbst zu befähigen, unser Herz für die Liebe zu öffnen. Indem der Mensch es wagt, sich mit sich selbst auseinanderzusetzen und sich mit seiner Innenwelt zu beschäftigen, erhält er Antworten auf alle Fragen und wird mit dem tieferen Sinn seines Hierseins konfrontiert. Die Seele kann nur durch die Erfüllung des Seelenplans wachsen.

Für manche mögen die Erkenntnisse der Reinkarnationsforscher über den Seelenplan befremdlich wirken, erst recht die Aussage, dass wir uns schwierige Herausforderungen und Lebenssituationen selbst auferlegt haben. Gerade diese erzeugen aber intensive Gefühle, die für den Selbsterkenntnisprozess wichtig sind, wobei nichts vorbestimmt ist. Wir selbst entscheiden, wie wir auf herausfordernde Lebenssituationen reagieren – mit Angst, Wut, Aggressionen oder mit Liebe und Mitgefühl.

Wir sind hier, um seelisch und geistig zu wachsen und Liebe zu leben, durch welche Umstände auch immer. Reinkarnation ist die Evolution des menschlichen Bewusstseins. Dazu dienen verschiedene Entwicklungen des menschlichen Geistes durch aufeinanderfolgende Erdenleben, bis der Geist die Vollkommenheit erreicht hat, in das göttliche Energiefeld als Ebenbild und Mitschöpfer in SEINEM Reich der Liebe zu verschmelzen. Das meint keineswegs die Aufhebung der eigenen Seelenidentität. In der ewigen reinen Liebe Gottes zu sein, bedeutet Erlösung und Freiheit, das ultimative Ziel jeder einzelnen Seele. Gegenwärtig erleben wir durch die Corona-Krise, den Klimawandel, gesellschaftliche Spaltungen jeder Art und Kriege global gewaltige Transformationswellen.

In diesem Buch soll es um genau diese Erneuerung der Menschheit und den zugrundeliegenden höheren Plan gehen. Nahtoderfahrungen haben immer auch mit Gotteserkenntnis und dem Vernehmen SEINER Botschaft, die letztlich an die Welt gerichtet ist, zu tun. Jeder erlebt nach dem Tod eine Lebensrückschau. Wir verfügen über ein riesiges geistiges Potenzial, von dem die meisten Menschen auf diesem Planeten keine Ahnung haben. Wir sind Schöpfer des eigenen Lebens und stehen direkt zu dem in Resonanz, was wir ausgesandt haben.

Destruktive Gedanken rufen destruktive Erlebnisse hervor, gemäß dem ewigen Gesetz „Was Du säst, das wirst Du ernten". Es geht für uns darum, uns wieder zu erinnern, wer wir sind und warum wir hier sind. Das tiefste Wissen darüber ist in den Seeleninnenräumen gespeichert. Indem wir uns der inneren Stimme zuwenden, erkennen wir nicht nur die Kontinuität des Lebens an sich, sondern unsere Unsterblichkeit. Geburt, Tod und Wiedergeburt sind ein evolutionärer Lernprozess mit dem Ziel, reine Liebe zu sein.

Neue wissenschaftliche Erkenntnisse verweisen auf die wahre Wirklichkeit der göttlichen Liebe. Die Nahtoderfahrungen verweisen auf intensive Begegnungen mit der Quelle allen Seins sowie der Verschmelzung mit allem Wissen, und werden auf der ganzen Welt ähnlich beschrieben. Das führt zu erheblichen Persönlichkeitsveränderungen der Erlebenden. Es wurde nachgewiesen, dass spirituelle transformierende Erlebnisse ein Tor zu einem besseren Verständnis allen Seins öffnen. Sie machen uns aufmerksam auf die Natur unseres innewohnenden Seelenbewusstseins. Alle Erfahrungen eint die Stimme des EINEN göttlichen Geistes. Es wird immer wieder auf die Heilkraft SEINER Liebe verwiesen. Gott ist in uns und wir sind in IHM. Es geht darum, sich dessen wieder bewusst zu werden.

In diesem Buch möchte ich die Stimme des EINEN in allem vernehmbar machen, die Wahrheit des Herzens, die uns unaufhörlich zuruft: „Wenn das irdische Leben endet, verlagert es sich nur. Liebet einander, wie ich Euch geliebt habe!“ Das ist der Weg über die Selbstliebe, die dadurch andere bedingungslos lieben kann, die sich bis in den Kern des Göttlichen erhebt. Nichts in unserem Leben geschieht zufällig, da allem Geschehen ein tieferer Sinn innewohnt. Wer das erkennt, gewinnt inneren Frieden und erkennt sich selbst als ewige göttliche Seele.

KAPITEL 1

STERBEN ALS UNIVERSELLES ERLEBEN

BEWUSSTSEIN UND SEELE

Zum besseren Verständnis der folgenden Ausführungen ist es erforderlich, die Begriffe Bewusstsein und Seele zu erklären, da viele Menschen sehr unterschiedliche Vorstellungen davon entwickelt haben.

Bewusstsein ist die Fähigkeit, sich seiner selbst und anderer gewahr zu sein. Bewusstsein ist ein Aspekt des Geistes. Aus dem Wissen des Gewahrseins reagieren wir auf unser Umfeld. Jeder erlebt Bewusstsein auf seine eigene, individuelle Weise. Bewusstsein kann weder beobachtet noch gemessen werden, sondern ist die grundlegende Erfahrung des Seins. Es umfasst alle Kategorien von Erfahrung: Wahrnehmung, Erkenntnis, Intuition wie auch Wille und Gefühle auf allen Ebenen. Es gibt kein von der Umwelt getrenntes Bewusstsein.

Wenn wir die Erkenntnisse der Sterbeforschung zugrunde legen, gibt es nur ein allumfassendes, endloses Bewusstsein, das überall in diesem Leben oder höheren Seinsdimensionen gegenwärtig ist. Bewusstsein (Geist) ist der Urgrund allen Seins, aus dem alle Dinge hervorgegangen sind. Es ist nonlokal, durchdringt alles Sein und existiert unabhängig von Körper und Gehirn. Bewusstsein ist nicht Teil der manifesten Welt, sondern gehört zu einem transzendenten, spirituellen Bereich des allumfassenden göttlichen Bewusstseins, das allem Sein zugrunde liegt. Die Erfahrung des endlosen, allgegenwärtigen und erweiterten Bewusstseins wird häufig in den Nahtoderfahrungen (im Folgenden ab und an mit „NTE" abgekürzt) beschrieben.

Anita Moorjani schreibt:

„Mir wurde bewusst, dass wir alle miteinander verbunden sind … Ich erkannte, dass das ganze Universum lebendig und von Bewusstsein durchdrungen ist und dass es alles Leben und die gesamte Natur einschließt. Alles gehört zu einem grenzenlosen Ganzen. Ich war auf komplexe Weise und untrennbar mit allem Lebendigen verknüpft. Wir sind alle Facetten dieser Einheit – wir sind alle Eins, und jede und jeder von uns hat eine Auswirkung auf das kollektive Ganze." [1]

Das Erleben der Ursprungsenergie des reinen Bewusstseins führt in die Erkenntnis, dass es nur das EINE Bewusstsein gibt, von dem wir alle Teil sind. Das nichtlokale Bewusstsein vermag mit Gedanken und Gefühlen anderer zu kommunizieren. Ebenso können wir mit dem Bewusstsein Verstorbener in Kontakt treten. Die Quelle allen Seins, das EINE göttliche Bewusstsein, durchdringt alle Welten diesseits wie jenseits und ist multidimensionaler Natur. Bewusstsein ist ein nonlokales Informationsfeld, das uns zur

Verfügung steht, um der Wirklichkeit Sinn und Bedeutung zu verleihen. Deswegen kann es kein Nebenprodukt des Gehirns sein, sondern das Bewusstsein ist Antriebskraft und Voraussetzung jeglicher Schöpfung.

Bewusstsein ist die Basis allen Seins, das Urprinzip des Kosmos und ein Informationsaustauschfeld des Universums. Das Leben ist nicht auf die Dreidimensionalität beschränkt, sondern geht weit darüber hinaus. Bewusstsein wird nicht in uns selbst erzeugt. Das zeigt sich in der außerkörperlichen Bewusstseinskontinuität, von der Abermillionen Nahtoderfahrene sprechen.

Deidre erlebte Folgendes:

„Jetzt befand ich mich in einer unermesslichen Welt der Sterne und Galaxien, die sich bis in die ewige Weite eines verdunkelten Universums erstreckte. Diese himmlischen Lichtpunkte waren, wie ich tief in meinem Inneren wusste, die Essenz lebendiger Seelen. Ich konnte sie spüren, ich konnte jede Seele spüren, die je existiert hatte, gerade existierte oder in Zukunft existieren würde. Ich, als reines Bewusstsein, dehnte mich aus, um dieser gesamten kosmischen Energie zu begegnen und eins mit ihr zu werden. Ich konnte die Verbundenheit aller Seelen und die Einheit von allem mit diesem großen liebenden Schöpfer spüren.“ [2]

Ein derartiges kosmisches Einheitserleben geht weit über die Wahrnehmungsfähigkeit des irdischen Bewusstseins, über unsere fünf Sinne – Hören, Schmecken, Riechen, Fühlen, Sehen – hinaus. Jenseits der körperlichen Ebene wechselt das Ich in ein höheres Bewusstsein, in dem alles gleichzeitig zugänglich wird.

Dann sind wir Beobachter und Erlebender zugleich, bei dem nicht nur das gesamte Universum erfasst wird, sondern auch dessen Ursprung.

Kelly beschreibt Ähnliches in ihrer Nahtoderfahrung:

> *„Ich staunte ehrfürchtig über das wimmelnde Leben, das vom Licht ausging. Es war lebendig vor Bewusstsein, als ob die Seelen aller Lebewesen aus Vergangenheit, Gegenwart und Zukunft miteinander verbunden wären, ihre Liebe miteinander teilten und erstrahlen ließen. Sie tanzten und pulsierten, wobei ihre Lichter sich zu einer spektakulären gemeinsamen Darstellung Göttlicher Liebe und Göttlichen Wissens verbanden."* [3]

Bewusstsein ist ein Zustand, der durch die Verfügbarkeit von Wissen und Wahrnehmung als Weg entsteht, die Welt zu erkennen. Alles Sein ist erfüllt mit Leben und Bewusstsein, alles ist Licht, ist Energie, die ewig besteht. Jeder Gedanke besteht aus purer Energie und ist ein Teil der Gesamtheit der Schöpfung. Daher befinden sich Gedanken und Bewusstsein außerhalb der irdischen Raumzeit. Bewusstsein lässt sich als dynamisches feinstoffliches Feld beschreiben, das wir durch unser Denken, Fühlen und Handeln ständig neu erschaffen. Alle Bewusstseinsimpulse sind als Ausdruck und Informationsträger des EINEN Geistes, von dem wir nie getrennt sind, unabhängig. Bewusstsein ist also eine grundlegende Eigenschaft des Kosmos, was auf die Unvergänglichkeit und Unsterblichkeit verweist.

Als ein Teil des allumfassenden göttlichen Ursprungsbewusstseins erschließt sich die Multidimensionalität, wodurch der Mensch – wenn es ihm bewusst ist – Zugang hat zu allen Informationen, zu allem Wissen des Universums.

Michael erlebte diese Zusammenhänge während einer Nahtoderfahrung:

„Mein Kopf wurde klarer, und es war, als wäre ein Schleier von meinem Geist gehoben worden. Endlich verstand ich alles, worüber ich mich immer gewundert hatte. Alle Lösungen für die Rätsel der Welt waren nun in meinem Kopf. Ich fragte nichts, und mir wurde auch nichts gesagt, ich wusste es einfach wieder. Ich dachte mir: Ach ja, dort auf Erden hatte ich das alles bloß vergessen.“ [4]

Aus dem Bewusstsein Gottes ist alle Schöpfung hervorgegangen. ER ist ein unermessliches Energiefeld, das interkulturell in den NTEs als formloses, gestaltloses Licht wahrgenommen wird, das reine Liebe, Gnade und Güte ausstrahlt.

Was ist die Seele

Die Ansichten über das Wesen der Seele sind außerordentlich vielfältig und verwirrend, da jeder Mensch etwas anderes darunter versteht. Die Seele ist der Träger der menschlichen Persönlichkeit, steht in ständiger Verbindung zum allumfassenden Bewusstsein des göttlichen Geistes, ist also ausgestattet mit Bewusstsein, ohne Anfang, ohne Ende. Die Seele stammt direkt von Gott. Durch ihren Eintritt in den Körper wird dieser erst lebensfähig, da die Seele ausgestattet ist mit dem göttlichen Funken, der die Lebenskraft enthält.

Schon Platon definierte die Seele im Altertum als Lebenshauch, als Atem. Auch in der Bibel wird der Mensch lebendig durch das Einhauchen von Gottes Atem, das Einhauchen SEINES beständigen Ein- und Ausatmens, das das ganze Universum belebt und in Balance hält. Durch das Seelenbewusstsein sind wir Teil eines großen Ganzen, also nie von Gott getrennt. Auf der höheren seelisch-geistigen Ebene sind wir alle eins.

Was die Seele wirklich vermag, beschreibt Anke Evertz in Ihrem Buch „Neun Tage Unendlichkeit". Es handelt sich um eine sehr außergewöhnliche und tiefe Nahtoderfahrung, die sich über neun Tage im Koma erstreckte.

„Unsere Seele ist ein multidimensionales Bewusstseinsfeld. Sie hat die Möglichkeit, alles gleichzeitig, also multidimensional, zu erfassen und schwingt auf einer höheren Frequenz. Ich habe sie als Bindeglied zwischen unserem Unbewussten und der Quelle selbst erfahren, aus der sie stammt. Sie ist nicht Raum und Zeit unterworfen, und doch durchdringt sie sie vollständig, denn sie ist die Quelle unseres Bewusstseins. In ihr sind all unsere Erfahrungen aus früheren Leben gespeichert, sie kennt unseren übergeordneten Seelenweg, den momentanen Lebensplan mit all' seinen Herausforderungen und hält auch die erforderlichen Lösungen bereit." [5]

Die menschliche Seele ist auch ein Samen, ein Gottessamen. Nichts existiert, ohne dass es durch eine Bestimmung zum Leben erweckt wurde, und diese ruft uns, bis wir antworten. Der Gottessamen kann dann zu einem Gottesbaum werden, dessen Früchte die Vollständigkeit des Göttlichen zum Ausdruck bringen. Deswegen sind wir alle aus demselben Grund hier, um durch unsere Inkarnation als menschliches Wesen alles zu verwirklichen, was Gott ist. Gemeint ist damit die Formung der Seele nach SEINEM Bild: der göttliche Funke in uns als Samen, der die gesamte Göttlichkeit enthält, damit der Mensch diese auf Erden verwirklicht.

Damit wir unsere Bestimmung erfüllen können, gab ER der menschlichen Seele den freien Willen. Aus der geistigen Perspektive der Seele sind wir alle aus eigener Entscheidung in der Schule des Lebens, um Erfahrungen zu sammeln, um sich aus ihnen weiterzuentwickeln. Es geht einzig um seelisch-geistiges Wachstum und darum, wie wir mit den Ereignissen unseres Lebens umgehen.

Gregory übermittelte Folgendes über die Seele:

„Erst wenn die Seele in den Körper des Menschen eintritt, wird er dadurch lebensfähig, da die Seele die Lebenskraft beinhaltet und ausgestattet ist mit einem endlosen Bewusstsein, ohne Anfang, ohne Ende. Das ist der göttliche Funke in allem Lebendigen, durch den Ihr nie von Gott getrennt seid, denn ER wohnt in jeder Zelle Eures Körpers, wodurch Ihr gleichzeitig in ihm sind. Da die Seele unendlich ist, geht sie weit über die Grenzen der jeweiligen Persönlichkeit hinaus, was zu einer Erweiterung des Bewusstseins führt, wie das auch in den NTEs häufig beschrieben wird.

Ihr lebt in einer Welt unbegrenzter Bewusstseinsmaterialisierungen, nur dass das den Menschen nicht ansatzweise bewusst ist. In der Seele befindet sich ein Energiefeld, dessen Potenziale gelebt werden wollen, wenn wir sie denn erkennen würden. Ihr seid die Seele und erschafft durch Eure Gedanken und Gefühle die physische Wirklichkeit, wobei Ihr von der Seele durch das höhere Selbst unterstützt werdet.

Die Seele nimmt wahr. Sie ist etwas Unverlierbares. Alle Persönlichkeiten, die Ihr jemals gewesen seid oder in Zukunft sein werdet, sind Manifestationen der Seele. Sie verfügt über Weisheit, Intuition und Wissen, die zum Erfahrungsschatz all der anderen vorherigen Persönlichkeiten gehören. Wenn Ihr die Multidimensionalität Eurer wahren Natur erkennen würdet, wird bewusst, dass Seele und Bewusstsein offene Systeme sind, die durch nichts begrenzt sind. Die Seele ist die persönlichste und machtvollste Identität, die sich in einem beständigen Wandel befindet, denn wie alles Leben ist sie im Zustand des Werdens.

Gleichzeitig ist Eure Seele in anderen geistigen Dimensionen zu Hause. Sie befindet sich in einem beständigen Fluss, geht durch Lernprozesse und Entwicklungen, die außerhalb von Raum und Zeit liegen. Jeder Mensch hat den Zugang zum inneren höheren Selbst. Somit seid Ihr nicht abgeschnitten vom Wissen der Seele. Man muss sich nur der eigenen Innenwelt zuwenden. Die Seele ist in erster Linie schöpferisch, sie ist Energie, die gewaltigste Bewusstseinseinheit aller Universen. Das Ich, das im Fokus der menschlichen Aufmerksamkeit steht, ist nur ein Teil des höheren Selbst. Das innere höhere Selbst kennt seine Beziehung zur Seele."

DER STERBEPROZESS ALS INNERES UNIVERSELLES ERLEBEN

Wir wissen heute mehr als jemals zuvor darüber, was mit uns geschieht, wenn wir sterben. Dieses Wissen fußt auf den millionenfachen Nahtoderfahrungen und der professionalisierten Sterbebegleitung in z. B. Hospizen oder Palliativ-Stationen. In den letzten Jahrzehnten haben wir dadurch tiefe Einblicke in den Sterbeprozess des Menschen erfahren. Es hat sich gezeigt, dass Sterben auf der ganzen Welt ähnlich erlebt wird, sodass man von einem universellen Erleben sprechen kann.

Sterbende befinden sich in einer Zwischenwelt zwischen dem Hier und Dort. Wer sich darauf einlassen kann, erkennt das Wandlungsgeschehen im Sterben. Der Sterbende nimmt den Klang der Stimme, aber auch die Gefühle und Gedanken der Angehörigen wahr, wie auch jegliche Art von Kommunikation. Jetzt kann alles zum Ausdruck gebracht werden, was im Leben nicht möglich war. Der Sterbende spürt, ob wir ehrlich sind oder ihm etwas vormachen oder etwas verheimlichen. Er fühlt die Anwesenheit, die Nähe und Berührungen. Wer aushalten und das Sterben annehmen kann, wie es sich zeigt, wird gestärkt durch das gute Gefühl, alles getan zu haben, was möglich war. Das erleichtert die Trauerarbeit.

In der nun folgenden Beschreibung des inneren Sterbeprozesses werden die auftretenden Phänomene benannt, die auf die langsame Loslösung der Seele vom Körper zurückzuführen sind. Das macht das Sterben transparent. Diese wiederkehrenden Aspekte wurden durch Beobachtungen in der Sterbebegleitung immer wieder wahrgenommen.

Der einsetzende Sterbeprozess

Irgendwann stellt sich die Wahrnehmung ein, dass der Sterbende am Ende seiner Kräfte ist. Seine Energie nimmt deutlich ab und er ist auf die Hilfe anderer angewiesen. Er kann nicht mehr eigenständig aufstehen oder Dinge festhalten. Manche reagieren mit Angst auf die veränderten Bewusstseinszustände, andere sind überaus gelassen und bereit, loszulassen. Je mehr Gegenwehr und Widerstand vorhanden sind, desto schwieriger gestaltet sich der Sterbeprozess.

Die Ablösung der Seele bewirkt einen erweiterten Bewusstseinszustand. Dieser ist unabhängig davon, ob sich der Sterbende im Koma oder im Wachbewusstsein befindet oder ob er bewusstlos ist. Er bekommt alles mit, was um ihn herum geschieht, da er geistig wacher ist als je zuvor. Daher nimmt er alle Gefühle, Gedanken und Gespräche der Anwesenden wahr. Er ist auf die Einfühlungsfähigkeit seiner Umgebung angewiesen. Der Eindruck stellt sich ein, dass sich der Sterbende in einer Zwischenwelt zwischen Hier und Drüben befindet.

Jetzt ist es erforderlich, mitfühlend für den Sterbenden da zu sein, um ihn dabei zu unterstützen, seinen bevorstehenden Tod anzunehmen. Das macht das Sterben leichter. Nicht der körperliche Prozess ist das Entscheidende, sondern das geistige Wandlungsgeschehen, von dem wir in der Sterbebegleitung Zeuge werden.

Das zeigt sich auch im inneren Wissen des Sterbenden von seinem bevorstehenden Tod. Alles Beschönigende oder das Verleugnen des wahren Zustandes sollte unterlassen werden. Stattdessen sind Dankbarkeit und Liebe angebracht. Der Sterbende braucht unsere Unterstützung, damit er mit sich ins Reine kommen kann.

Angehörige sollten sich nicht scheuen, ihrerseits Unerledigtes anzusprechen. Vielleicht war der Vater ein Tyrann oder Missbrauch hat stattgefunden. Dann kann der einfache Satz „Du hast mir das Leben nicht immer leicht gemacht" zu einer offenen Aussprache führen, um Wut, Groll und Hass aufzulösen.

Die Lebensbilanz

Im Sterbeprozess treten die Bilder unseres Lebens ungeschminkt an die Oberfläche des Bewusstseins. Der Sterbende stellt sich seinen unerledigten Dingen und er zieht Bilanz: Erreichtes und Versäumtes stehen sich gegenüber. Dabei kommen so manche Dinge an die Oberfläche, von denen die Angehörigen nichts ahnten. Es ist wichtig, zuhören zu können und nicht zu werten. Jetzt zeigt sich, dass nichts auf ewig verdrängt werden kann. Spätestens im Sterben sind wir mit uns selbst konfrontiert. Es stellt sich die Frage, ob wir Liebe gegeben haben oder nicht. Je mehr Unversöhntes sich angehäuft hat, umso schwieriger gestaltet sich der Sterbeprozess. Deswegen ist es überaus sinnvoll, schon im Hier und Jetzt die eigenen Konflikte und Probleme aufzulösen.

Die Auseinandersetzung mit den eigenen Schwächen und Fehlern führt bei vielen noch in den letzten Tagen zu dem Wunsch nach Aussöhnung, um das Leben zu einem friedlichen Abschluss zu bringen. Wer erkennt, dass er Unrecht getan hat, wünscht sich Vergebung und Aussprache.

„Ein Mann lag seit längerer Zeit im Sterben. Er war sehr unruhig und bedrückt. Wir fragten ihn, ob er mit jemandem sprechen möchte. Er öffnete seinen Augen und sprach von seinem Sohn Sven, den er vor zwanzig Jahren wegen seiner Drogenprobleme verstoßen hatte. Er sprach nie wieder mit ihm. Jetzt erkannte er, dass er ihn zu hart behandelt hatte. Er wünschte sich sehr, ihn zu sehen. Wir benachrichtigten den Sohn und wenige Tage später kam er, um seinen Vater zu besuchen. Sie sprachen sich aus und der Mann bat um Vergebung. Kurz darauf konnte er ganz friedlich sterben."

Im Zusammenhang mit Aussöhnung und Vergebung haben wir es mit einem häufig auftretenden Phänomen zu tun. Wenn der Sterbende weiß, dass ein bestimmter Mensch, mit dem er sich aussöhnen will, ihn besuchen wird, kann er selbst in kritischen Situationen seinen Sterbeprozess anhalten. So wichtig ist Versöhnung! Wenn sich ein Angehöriger weigert zu kommen, bleibt nur noch die Selbstvergebung.

Hat ein Versöhnungsgespräch stattgefunden, können die meisten in Frieden sterben. Die Lebensbilanz ist eine Phase aufbrechender Emotionen zwischen Angst und Wut, aber auch Dankbarkeit und Liebe. Deswegen ist es so wichtig, vorurteilsfrei zuzuhören, damit der Sterbende seine Gefühle offen zum Ausdruck bringen kann.

Er muss alles, was ihm im Leben etwas bedeutet hat, hinter sich lassen. Das ist mitunter schmerzhaft und traurig und mit Wut und Zorn, Depressionen und emotionalen Ausbrüchen verbunden.

Die damit verbundenen Ängste müssen durchschritten werden, damit der Sterbende Frieden finden kann.

Wir können dem Sterbenden diese Prozesse nicht abnehmen, sondern nur mitfühlend da sein. Wichtig ist auch, nichts was der Sterbende äußern mag, persönlich zu nehmen.

Sterbebettvisionen

Es ist auffällig, dass bei Konferenzen über Palliativversorgung, Hospizarbeit oder die Bedürfnisse Sterbender am Ende des Lebens selten oder gar nicht das Thema der Sterbebettvisionen angesprochen wird. Es handelt sich dabei um außersinnliche Wahrnehmungen der Sterbenden. Sie lassen uns mitunter an ihrem Übergang von dieser Welt in eine andere teilhaben. Vorangegangene Angehörige und Freunde werden ebenso wahrgenommen wie Engel oder Lichtwesen, die sie in Liebe einhüllen. Durch Mimik und Gestik deutet sich an, dass sich die Sterbenden vorübergehend in einer anderen, für uns unzugänglichen Dimension befinden.

Angehörige brauchen eine offene Haltung gegenüber diesen Phänomenen. Wenn sie wissen, dass es sich dabei um einen natürlichen Bestandteil des Sterbeprozesses handelt, ist das für den Sterbenden sehr hilfreich. Derartige Visionen werden bei vollem, klarem Bewusstsein wahrgenommen und sind Boten des bevorstehenden Todes. Sie treten meist wenige Tage oder Stunden vor dem Ableben auf.

Im Außen können wir das daran erkennen, dass der Sterbende mit den Händen nach oben greift, als ob er sich auf etwas zubewegt. Andere gestikulieren, greifen aber ins Leere. Der Sterbende sieht etwas, was die Begleitenden nicht sehen. Manche starren wie gebannt in eine Ecke oder nach oben an die Decke, als ob dort jemand stehen würde. Sterbende sprechen häufig auch von überfüllten Räumen, erblicken zahlreiche Menschen im Raum oder rufen nach verstorbenen Angehörigen. Die Augen sind geweitet und wirken wie von einem inneren Licht erleuchtet.

„Mein Vater lag schon längere Zeit im Sterben. Eines Morgens bemerkte ich, dass seine Augen wie von einem inneren Licht erleuchtet waren. Er lächelte beglückt, richtete sich auf und hob beide Hände, als ob er nach etwas greifen wollte. Er rief nach seiner längst verstorbenen Mutter, die offensichtlich anwesend war. Er wirkte glücklich und zufrieden wie lange nicht. Wenige Stunden nach seiner Vision starb er friedlich."

Entscheidend für die Vielfalt der erlebten Sterbebettvisionen ist die unmittelbare Auswirkung auf den Sterbenden. Er findet Ruhe und Frieden und alle Ängste heben sich auf. Er fühlt sich angenommen, geliebt und erwartet und kann loslassen. Dazu zwei Beispiele, die mir persönlich berichtet worden sind:

„Eine Frau sagte, dass ihr verstorbener Mann am Fenster erschienen sei und sie aufforderte, sich ihm anzuschließen. Wenig später erklärte sie, dass ihre Zeit zum Gehen gekommen sei. Vor der Erscheinung hatte sie nie von ihrem bevorstehenden Tod gesprochen. Kurz danach starb sie friedlich."

„Ein krebskranker Mann berichtete davon, sich in einem wunderschönen, lichtdurchtränkten Raum befunden zu haben. Alle, die er gekannt hatte, warteten dort auf ihn. Besonders glücklich war er über die Anwesenheit seiner Mutter."

Kurz vor dem Tod sprechen Sterbende von einer bevorstehenden Reise und drängen darauf, dass die Koffer gepackt werden. Reisen bedeutet immer eine Ortsveränderung. Unser Erdenleben ist eine Bewegung in der Zeit, bis wir den Punkt erreichen, an einem bestimmten Ort zu sterben: Wir fallen aus der Zeit in die Zeitlosigkeit.

Ein Mann fragte die Umstehenden, ob seine Papiere oder sein Pass für seine Reise bereit seien. In diesen Metaphern äußert sich ein klares Bewusstsein des bevorstehenden Todes, wie auch in den Symbolen des Nach-Hause-Gehens. Dahinter verbirgt sich der Verweis auf Heimat, auf den Ursprung wie auch auf unser aller Zuhause in der geistigen Welt.

Du darfst jetzt gehen!

Die sich verstärkende Bewusstseinserweiterung ist der Grund dafür, dass der Sterbende verstärkt den Schmerz, den Kummer und das Nicht-Loslassen-Können der Angehörigen spürt. Der Sterbende weiß genau, ob ein Angehöriger bereit ist, ihn gehen zu lassen. Das ist der Grund dafür, dass viele Menschen in dem Augenblick sterben, wenn der Begleitende den Raum verlässt. Jede Art des Festhaltens macht das Sterben schwerer.

Hier sind wir mit einem weiteren Phänomen des Sterbeprozesses konfrontiert: Der Sterbende kann ab einem bestimmten Punkt den Zeitpunkt seines Übergangs selbst wählen. Umgekehrt kann es natürlich sein, dass er unbedingt in der Gegenwart einer Lieblingstochter sterben möchte. Er wird versuchen, diesen Moment irgendwie herzustellen. Insofern muss niemand Schuldgefühle haben, wenn er zum Zeitpunkt des Todes einer engstehenden Person nicht persönlich anwesend ist.

Ist man jedoch vor Ort, sollte der einfache Satz ausgesprochen werden: Du darfst jetzt gehen!

Der Sterbende macht sich genauso viele Gedanken um seine Hinterbliebenen, wie sich seine Angehörigen um ihn sorgen. Wir können dem Sterbenden die Situation durch Verständnis und Akzeptanz für sein Sterben erleichtern, damit er in Ruhe und Stille seinen Frieden finden kann.

In der Begleitung ist es überaus wichtig, unnützes Tun oder Hektik zu unterlassen. Wenn der Tod kurz bevorsteht, sollte sich jeder darüber bewusst sein, dass man nichts mehr tun kann, sondern nur noch mitfühlend für den Sterbenden da sein sollte. Wer die Stille zulassen kann, wird die Anwesenheit des Heiligen im Raum spüren.

Sterben ist mit der Freisetzung ungeheurer Energien verbunden, bis sich die Seele endgültig vom Körper lösen kann. Die unterschiedlichen Sterbephasen verlaufen fließend ineinander.

Das letzte Aufgebot der physischen Reserven

In der Nähe des Todes nimmt der Sterbende keine Nahrung mehr zu sich – oft schon Wochen vorher. Ab einem bestimmten Zeitpunkt verweigert er auch jede Flüssigkeitszufuhr, weswegen von Begleitern der Mund befeuchtet wird. Das ist ein ganz natürliches Geschehen und steht am Ende vieler Sterbeprozesse. Durch die Auszehrung hört der Sterbende dann einfach auf zu atmen. Es ist wichtig zu wissen, dass mit zunehmendem Verfall Hunger und Durst verschwinden – eine barmherzige Einrichtung der Natur.

Am Ende eines Sterbeprozesses kann aber auch immer wieder das plötzliche Aufblühen der Körperkräfte beobachtet werden. Man spricht von einer plötzlichen Bewusstseinsklarheit und auch Patienten, die schon länger nicht bei Bewusstsein waren, öffnen plötzlich ihre Augen und sind ganz klar. Der Sterbende nimmt zu diesem Zeitpunkt gewöhnlicher Weise keine Nahrung mehr zu sich, was dazu führt, dass die Nahrungsreserven des Körpers nicht mehr aufgefüllt werden.

Dennoch kann der Sterbende erstaunliche, körperliche Kräfte mobilisieren. Das verunsichert viele Begleitende, da sie sich das nicht erklären können. Angehörige halten das fälschlicherweise für eine Verbesserung des Zustandes.

Die Ablösung der Elemente

Die Elemente Erde, Feuer, Wasser und Luft lösen sich am Ende des Sterbeprozesses auf, was mit der endgültigen Ablösung der Seele vom Körper verbunden ist. Dies ist ein sehr altes universelles Wissen, das schon im Tibetischen Totenbuch beschrieben wurde. Die Mönche setzten sich an die Sterbebetten und protokollierten ihre Beobachtungen. Durch ihre meditative Praxis waren sie im Stande, auch die feinstofflichen Vorgänge im Sterbeprozess zu erfassen. Die Ablösung der Elemente wird bis heute immer wieder von Angehörigen oder Pflegepersonal beobachtet, über alle Jahrtausende hinweg.

Wenn sich das Erdelement auflöst, verliert der Körper seine Energie. Das zeigt sich darin, dass der Sterbende nicht mehr eigenständig aufstehen oder Dinge festhalten kann. Er ist auf die Hilfe anderer angewiesen. Er hat das Gefühl, als ob er tief in den Boden hinein versinke. Da der bewusste Verstand Angst vor dem Verlust der Kontrolle über den Körper hat, lehnen sich Sterbende dagegen auf. Manche schreien oder stöhnen. Je mehr Gegenwehr vorhanden ist, umso schwieriger gestaltet sich die Ablösung. In Wirklichkeit setzt jetzt der Austritt der Seele ein.

Anschließend löst sich das Wasserelement auf und der Sterbende verliert die Kontrolle über seine Körperflüssigkeiten. Die Nase läuft, manche weinen und können ihre Ausscheidungen nicht mehr kontrollieren. Der Sterbende fängt an, innerlich zu brodeln. Es mag den Anschein haben, als ertränke er am eigenen Wasser in der Lunge. Je mehr Gegenwehr vorhanden ist, desto reizbarer und nervöser wirkt der Betroffene, wobei manche auch halluzinieren. Der Sterbende selbst erlebt eine Bewusstseinserweiterung und empfindet sich als durchlässig und leicht. Er ist nicht länger an seinen Körper gebunden.

Wenn sich das Element Wasser in das Feuerelement auflöst, trocknen Mund und Nase aus. Die Körperwärme verflüchtigt sich, gewöhnlich von den Füßen und Händen her in Richtung Herz. Der Sterbende kann keine Flüssigkeit mehr zu sich nehmen. Sein Körper fühlt sich heiß an. Mancher äußert, das Gefühl zu haben, innerlich zu verbrennen. Das Bewusstsein schwankt zwischen Klarheit und Verwirrung.

Dann löst sich das Feuerelement in das Luftelement auf. Das Atmen wird mühsamer und ein typisches Rasseln und Keuchen setzt ein. Das Ausatmen wird immer länger, bis der letzte Atem ausgestoßen wird. Das verursacht bei Begleitenden das Gefühl, dass der letzte Atemzug bereits ausgestoßen wurde. In Wirklichkeit schwingt die Atmung noch einige Male hin und her. Die Seele löst sich nun endgültig vom Körper. Wenn der äußere Atem versiegt, ist die Seele endgültig außerhalb des Körpers. Die Silberschnur, die Körper und Bewusstsein zusammengehalten hat, zerreißt. Das ist dann der Augenblick des Todes. Die Seele kann nun nicht mehr in den Körper zurückkehren. Es stellt sich der Eindruck ein, nur noch eine leere Hülle vor sich zu haben. Das, was den individuellen Menschen ausgemacht hat – seine Seele, sein Bewusstsein, seine Ausstrahlung oder Lebensenergie –, ist nicht länger am Körper. Doch die Präsenz des Verstorbenen kann noch im Raum wahrgenommen werden.

Der Augenblick des Todes

Der Augenblick des Todes ist ein spezifischer Moment, der das innere Wesen des Menschen freisetzt. Dieser Augenblick wurde in der Fachliteratur häufig damit umschrieben, dass die Raupe zum freien Schmetterling wird. Das Bewusstsein verlässt den Körper – die Hülle, den Kokon – und geht über in eine andere Form des Seins, in der alle körperlichen und geistigen Begrenzungen überwunden sind. Die Seele kehrt in ihren göttlichen Ursprung zurück und ist frei von irdischen Anhaftungen.

Jeder erlebt den Übergang, den wir Tod nennen, auf seine eigene individuelle Art und Weise. Die erste Erfahrung ist, dass sich der Verstorbene als ganz und heil empfindet, schmerzfrei ist und eine unmittelbare Kontinuität seines Ich-Bewusstseins erlebt. Das Erden-Ich geht über in eine unbegrenzte Form des Seins, wobei Raum und Zeit als Kategorien menschlicher Orientierung aufgelöst sind. Alles wird zeitgleich zugänglich und die irdische Linearität ist aufgehoben.

Der Verstorbene nimmt alles wahr, was sich im Umfeld seines Todes ereignet, und kann sich in Gedankenschnelle überall hinbewegen. Manche versuchen, sich bemerkbar zu machen, stellen aber fest, dass sie für die Anwesenden unhörbar und unsichtbar geworden sind. Dieses Erleben wird sehr häufig in den Nahtoderfahrungen beschrieben.

KAPITEL 2

NAHTODERFAHRUNGEN

ALLGEMEINES

Nahtoderfahrungen öffnen unser Herz für die uns umgebende höhere Wirklichkeit. Die Auseinandersetzung damit kann dazu führen, durch das Offenbarungswissen, das den Lesern durch Nahtodberichte weitergegeben wird, im Einklang mit unserem Seelenplan bzw. unserer Lebensaufgabe zu leben. Es geht um Einsichten, Weisheiten, Erkenntnisse und tiefe Einblicke in den Sinn unseres Lebens. Während einer außerkörperlichen Erfahrung erweitert sich das Bewusstsein dergestalt, dass es zu Verschmelzungen und Begegnungen mit Gott kommt, der in millionenhaften Aussagen und Berichten als ein reines bedingungslos liebendes Energiefeld wahrgenommen wird.

Die Botschaft ist eindeutig und einhellig: Jeder von uns wird unendlich geliebt!

Durch die NTEs werden wir hinter den Schleier des Erdendaseins geführt und erhalten eindeutige Informationen und Jenseitswissen aus höchsten geistigen Dimensionen. Wir sind schon jetzt im Erdenleben in eine geistige Wirklichkeit eingebunden, in der jeder mit allem anderen Sein verbunden ist. Ob uns das bewusst ist oder nicht, wir sind durch den innewohnenden göttlichen Funken mit allem Leben vernetzt und es gibt keine Trennung.

Studien über Nahtoderfahrungen zeigen übereinstimmend, dass der Mensch Teil eines in sich verbundenen Universums ist, und dass Bewusstsein über die irdische Existenz hinaus Bestand hat. Auch wenn das heute immer noch von vielen Wissenschaftlern bestritten wird, so sind die Befunde der Sterbeforschung eindeutig und unwiderlegbar. Nur der physische Körper stirbt am Ende des Lebens, doch das Leben an sich in Form eines feinstofflicheren Bewusstseins, das mit dem Göttlichen verbunden ist, ist unsterblich und existiert weiter. In den NTEs wird sehr häufig von einer Bewusstseinskontinuität gesprochen, die sich einstellt, wenn der Körper verlassen wird.

Ob wir den Begriff Gott verwenden, oder Schöpfer, Allah, Quelle oder Universum, ist nicht wichtig. Es geht um die vermittelte Tatsache, dass wir von SEINEM Licht geliebt werden, das über alles irdisch Erlebte weit hinausgeht. Diese reine, bedingungslose Liebe lässt sich nicht in Worte fassen. Sie kann nur erfahren oder gefühlt werden und verändert die Erlebenden. Unsere Seele ist reine göttliche Liebe und es geht darum, dass wir alle erkennen, dass wir von unserem Wesen her Liebe sind, um diese zum Ausdruck zu bringen.

Nahtoderfahrungen sind seit nunmehr fast 50 Jahren Gegenstand wissenschaftlicher Forschung. Gegenwärtig sprechen wir von ca. 70 Millionen Menschen, die ein Todeserlebnis gehabt haben. Darüber hinaus gibt es eine hohe Dunkelziffer, da viele über dieses Erlebnis nicht sprechen möchten, das Erlebte nicht einordnen können oder es als persönliches Geheimnis hüten. Und durch die verfeinerten Reanimationsmöglichkeiten konnten in den letzten Jahren immer mehr Menschen aus den Randzonen des Todes zurückgeholt werden.

Der Begriff Nahtoderfahrung ist meines Erachtens irreführend, da es sich bei den Erlebnissen genaugenommen um einen vorübergehenden Tod bzw. eine reale Todeserfahrung handelt. Bei den meisten Erlebenden handelt es sich um Menschen, die klinisch durch einen Stillstand der Gehirnfunktion klinisch tot waren. Sie verlassen ihren Körper, berichten von Einblicken in fremde geistige Dimensionen und der Begegnung mit der allumfassenden göttlichen Liebe. Die wesentlichen Elemente einer NTE sind die außerkörperliche Erfahrung, der Übergang in die Jenseitswelt, die Begegnung mit dem Licht sowie die Lebensrückschau. Ich werde die Formen, in denen Nahtoderfahrungen auftreten, im folgenden Kapitel beschreiben.

Es sei darauf hingewiesen, dass Todeserfahrungen von allen Völkern, Kulturen oder Religionen überliefert sind. Das Wissen darum zieht sich wie ein roter Faden durch die gesamte Weltgeschichte. Jenseits der körperlichen Existenz schildern Erlebende, dass sie eine unmittelbare Bewusstseinskontinuität mit wesentlich schärferen Sinnen erfahren haben. Die prospektiven Studien, d. h. die Befragung von Menschen nach einem Herzstillstand, der letzten Jahrzehnte verweisen darauf, dass Bewusstsein (Seele) unabhängig vom Körper weiterexistiert, wir also unsterbliche Wesen sind.

DIE WESENTLICHEN MERKMALE DER NAHTODERFAHRUNGEN

Todeserfahrungen sind spontane, unerwartete Konfrontationen mit dem Tod. Sie werden ausgelöst durch einen Herzstillstand, durch Unfälle oder sonstige lebensbedrohliche Situationen. Es handelt sich um einen außergewöhnlichen stark erweiterten Bewusstseinszustand, der Eindrücke von Frieden und Schmerzfreiheit jenseits des Körpers umfasst, wie auch die Durchquerung eines Tunnels, Begegnungen mit verstorbenen Geistwesen oder Engeln bis hin zu einer Verschmelzung mit dem Licht, mit Gott. Es handelt sich dabei um eindeutige interkulturelle Phänomene, die auf der ganzen Welt ähnlich beschrieben werden. Nachfolgend nun ein Überblick über die wesentlichen Elemente einer Nahtoderfahrung. Ich werde im Anschluss gesondert auf Gottesbegegnungen, die Lebensrückschau und die Auswirkung auf die Persönlichkeit des Erlebenden eingehen.

Die außerkörperliche Erfahrung

Eine außerkörperliche Erfahrung ist mit dem Austritt der Seele aus dem physischen Körper verbunden. In einer Vielzahl der Fälle ist die Trennung des Bewusstseins vom Körper der erste Schritt zum Erleben einer NTE. Raum und Zeit sind aufgehoben und alles wird gleichzeitig zugänglich. Die Erlebenden befinden sich in einem erweiterten Bewusstseinszustand.

Krista erlebte eine Nahtoderfahrung während der Geburt ihrer Tochter, bei der es zu Komplikationen kam.

„Um 9:18 Uhr hörte mein Herz auf zu schlagen. Meine nächste bewusste Wahrnehmung war, dass ich mich hoch über meinem Körper befand. Beim Blick hinunter sah ich, dass er auf dem Bett lag und Leute um ihn herum standen. Ich konnte sehen – und ich war immer noch Krista. Ich war wach, bei Bewusstsein und doch unbelastet durch mein physisches Ich … Es gab keinen Schmerz, keine Geräusche, keine Sorgen oder Ängste. Mir war, als wäre ich aller bisher bekannten Realität enthoben und die Erinnerung daran ausgelöscht. Ich war einfach reines unverfälschtes Bewusstsein.“ [6]

Was hier geschildert wird, ist nur der Beginn einer tiefen Bewusstseinsreise in das Zentrum Gottes. Sorgen und Ängste sind aufgelöst und jeglicher Schmerz endet.

Eine Frau erzählte mir am Telefon:

„Meine erste Erfahrung nach dem Verlassen meines Körpers war die absolute Schmerzfreiheit. Durch eine hartnäckige Krebserkrankung hatte ich über Jahre Schmerzen, die kein Arzt weder lindern noch erklären konnte. Ich erlebte meine Nahtoderfahrung während einer Operation, schaute dabei zu und wurde in die Liebe meines Schöpfers gezogen. Ich kann nicht sagen, was drüben wirklich geschah, doch als ich nach der OP erwachte, waren meine physischen Schmerzen für immer verschwunden."

Viele berichten davon, während ihrer außerkörperlichen Erfahrung sämtliche Details in ihrem Umfeld wahrgenommen zu haben. Sie spüren die Gefühle und hören die Gedanken der Anwesenden. Dachte die Person an einen bestimmten Menschen, befand sie sich unmittelbar in dessen Gegenwart und die erlebende Person konnte später genaue Angaben darüber machen, was zu diesem Zeitpunkt gesprochen wurde oder welche Kleidung der Angehörige getragen hatte. Ein Mann erzählte mir, dass er an seine Frau gedacht hatte und dass er sich unmittelbar im Auto wiederfand. Er erinnerte sich genau an das Lied, das im Radio gespielt wurde. Derartige Details sind von der Forschung millionenfach verifiziert worden. Angehörige sind häufig verstört, wenn ein Erlebender davon berichtet, zumal sie die Gegenwart des anderen nicht gespürt haben.

Eine Frau erzählte in einem Seminar:

„Ich hatte einen schweren Autounfall. Bei der Operation kam es zu Komplikationen und ich erlitt einen Herzstillstand. Ich erinnere mich, dass ich auf die Ärzte, die versuchten, mich zu reanimieren, herabblickte. Ich dachte an meinen Mann und schon befand ich mich in der Cafeteria des Krankenhauses, wo er völlig verzweifelt mit unserer Tochter sprach. Ich spürte ihre Angst, dass ich die OP nicht überleben würde. Gleichzeitig befand ich mich im Operationssaal. Plötzlich wurde ich in meinen Körper zurückgezogen. Man hatte mich erfolgreich zurückgeholt."

In der Sterbeforschung hat sich immer wieder gezeigt, dass die Aussagen oder Beobachtungen von Menschen während einer Todeserfahrung real sind. Sie nehmen Dinge wahr, die sich oft weit entfernt von der Lage ihres Körpers ereignen und haben auch, wie im obigen Beispiel, akustische Wahrnehmungen. Das konfrontiert uns in eindeutiger Weise mit der faszinierenden Tatsache, dass Bewusstsein außerhalb des menschlichen Körpers existiert. Durch die Trennung des Bewusstseins vom Körper können sich die Erlebenden in Gedankenschnelle überall hinbewegen. Das bedeutet nichts anderes, als dass Wahrnehmungen offensichtlich ohne physische Sinne möglich sind.

Eine Frau erlebte während einer OP einen Herzstillstand und erzählte mir Folgendes:

„Zunächst befand ich mich in einer Ecke des Operationssaals. Der Arzt schrie aufgeregt, „wir verlieren sie",

und schon bearbeiteten sie meinen Brustkorb. Mich berührte das nicht. Ich bemerkte, dass ich überall hinsehen konnte, woran ich gerade dachte. In Gedanken konnte ich mich auch von meinem Körper wegbewegen – alles gleichzeitig. Heute weiß ich, dass die Seele unabhängig vom Körper ist.“

Die Erlebenden gehen über in einen zuvor nicht gekannten, erweiterten Bewusstseinszustand hinaus. Das mündet in eine ganzheitliche Wahrnehmungsfähigkeit jenseits der bekannten körperlichen Sinneswahrnehmungen. Das Erleben wird als realer und wirklicher beschrieben als alles, was den Betroffenen in ihrem Erdenleben bisher zugänglich war.

Außerkörperliche Erfahrungen gehören zu den häufigsten Elementen einer Nahtoderfahrung. Dr. Jeffrey Long ist ein renommierter Mediziner und Nahtodforscher. Er resümiert in seinem Buch „Neue Beweise für ein Leben nach dem Tod“:

„Was Nahtoderfahrene im außerkörperlichen Zustand hören oder sehen, die der diesseitigen Welt angehören, entspricht so gut wie immer den Tatsachen. Diese außerkörperlichen Eindrücke erweisen sich bei späterer Überprüfung durch andere Personen oder die Betroffenen selbst in den allermeisten Fällen als korrekt, sogar dann, wenn Ereignisse beobachtet wurden, die in großer Entfernung zum physischen Körper der bewusstlosen Person stattfanden. Diese Tatsache allein schon schließt die Möglichkeit aus, dass NTE mit irgendeiner uns bekannten Form von Gehirnfunktion oder Sinnesbewusstsein zusammenhängen.“ [7]

Bewusstseinskontinuität

Wenn die Seele den Körper verlassen hat, nimmt sie eine Kontinuität ihres Ich-Bewusstseins wahr. Leben ist ein Kontinuum und wird durch den Tod auf eine andere Ebene des Seins verlagert. Das individuelle Ich bleibt bei der außerkörperlichen Jenseitsreise intakt. Die Ich-Identität des Menschen ist der Filter jeglicher Wahrnehmung. Wenn wir in eine undurchdringliche Leere geraten würden oder ausgelöscht wären, könnte niemand darüber berichten, was er persönlich erlebt hat. Das genaue Gegenteil ist der Fall: Millionen von Menschen sprechen von einem unermesslich erweiterten Bewusstseinszustand. Sie erkennen, dass sie viel mehr sind als ihr kleines vom Ego beherrschtes Erden-Ich. Das Konzept eines persönlichen Ichs löst sich auf. Viele erkennen, ein ewiges Wesen zu sein, und sind immer in das göttliche Überbewusstsein eingebunden.

Eine Frau schreibt:

„Ich sah mich von oben auf der Rückbank liegen. Die Angst war weg. Ich fühlte mich leicht und frei. Ich hatte Ruhe. Ich kann mich noch sehr gut daran erinnern, was ich damals fühlte. Erstaunen und Entzücken … Ich war nun ganz ich selbst, und doch auch ein anderes Ich. Mehr Ich als zuvor. Ich war befreit. Frei von allem, was man normalerweise im Leben fühlt. Ich war nicht mehr an meinen Körper gebunden, sondern mit dem großen Ganzen verbunden.“ [8]

Crystal McVea verließ Ihren Körper und stellte fest, dass sie nur noch aus Geist bestand:

„Dieser Zustand kam mir sofort absolut selbstverständlich vor. Mein Geist hatte keine Gestalt mit klar definierten Ecken und Kanten, aber ich fühlte mich vollständig und präsent. Ich war ganz ich selbst. Ich war dieselbe, die ich kurz zuvor noch auf der Erde gewesen war. Gleichzeitig machte ich allerdings die überwältigende Erfahrung, dass dieses Ich schon seit einer Ewigkeit existierte. Viel länger, als ich mich körperlich auf der Erde befunden hatte. Während mich auf der Erde stets Selbstzweifel und Ängste plagten, besaß ich nun im Himmel eine ganz klare Gewissheit darüber, wer ich war.“ [9]

Irdische Hoffnungen, Verletzungen, Ängste oder Leid werden durch die Erkenntnis unseres wahren Selbst überwunden. Wir sind losgelöst von der irdischen Sichtweise der Dinge und erkennen unseren geistigen Ursprung. Auch alle Rollen, die wir im Leben auf der Erde spielten, z.B. Lehrer, Autor, Ehefrau etc., lösen sich angesichts der höheren Erkenntnis, eine ewige Geistidentität zu sein, auf. Es ist schwer, die Freiheit des Geistigen zu erfassen, solange wir emotional an erdwärts gerichtetes Denken gebunden sind. In der geistigen Welt sind wir von allen irdischen Begrenzungen befreit. Eines zeigt sich ganz gewiss: Was wir als Menschen für Wirklichkeit halten, ist nicht mehr als ein winziger Ausschnitt aus dem wahren Sein.

Durch die Erfahrung, viel mehr zu sein als ein körperlich begrenztes Ich, zerbrechen die Konzepte, die wir über unsere Identität, über Gott, die Zeit und das Leben bislang hatten. Was wir für Wirklichkeit gehalten haben, wird durch die Begegnung mit der göttlichen Überwirklichkeit als Illusion enttarnt. Nahtoderfahrene sprechen häufig davon, dass die Begegnung mit dem Licht realer war als alles, was sie bisher in ihrem Leben erlebt hatten.

Die Bewusstseinskontinuität und das erweiterte Bewusstsein mit weitaus schärferen Sinnen jenseits körperlicher Sinneswahrnehmungen verweisen darauf, schon immer Teil eines größeren Ganzen gewesen zu sein. NTEs konfrontieren uns mit der Wirklichkeit Gottes und des Lebens nach dem Tod.

Die Beschäftigung damit kann zu der Wiedererinnerung führen, dass wir alle den göttlichen Funken in uns tragen, da wir in den ewigen Kreislauf von Geburt, Tod und Wiedergeburt eingebunden sind. Als Seelen, die immer schon existiert haben, erkennen wir das Licht der Liebe, da es in uns verankert ist.

David schreibt rückblickend über seine Nahtoderfahrung:

„Die Liebe des Lichts und das Bewusstsein des Lichts haben mir mein wahres Ich gezeigt, ohne die Fiktion. Dieses Licht kannte mich besser als ich mich selbst.“ [10]

Jeff Olsen schreibt:

„Ich war Geist, ich war Licht. Ich war zutiefst Teil von allem und jedem um mich herum. Ich war mein wahres Ich, aber außerhalb meines Körpers.“ [11]

Der Übergang in die höhere Welt

Durch die vielzitierte Tunneldurchquerung erleben die Betroffenen eine zusätzliche Erweiterung ihres Bewusstseins. Die außerkörperliche Erfahrung ereignet sich zunächst im physischen Bereich und so beziehen sich die Wahrnehmungen auf das Diesseits und auf das Umfeld des Todes. Viele sprechen von einer Sogwirkung, davon, dass sie in einen Tunnel hineingezogen wurden. Wenn wir heute das breite Feld der Nahtoderfahrungen studieren, fällt auf, dass nur etwa 30 Prozent durch einen Tunnel gezogen werden. Andere Umschreibungen für den Übergang sind eine Dunkelheit oder Leere, durch die man geht und an deren Ende ein helles Licht aufscheint und einen magisch anzieht. Andere berichten, eine Brücke überquert zu haben oder eine Wiese. Manche gelangen direkt in das Licht. Die Seelentrennung wird durch die Tunnelerfahrung in ein körperliches Empfinden übersetzt, das sich als Fallen, Aufsteigen, Schweben oder Fliegen ausdrückt.

Margot Grey, eine bekannte englische Nahtodforscherin, erlebte ein Todeserlebnis. Sie schreibt über den Dimensionsübergang:

„Dann wurde alles dunkel. Es war, als erwachte man im Weltraum in völliger Finsternis. Als nächstes bemerkte ich eine Bewegung. Als es schneller und schneller ging, nahm die Leere die Form eines Tunnels an, wie die Innenseite eines Tornados. Die Breite des Tunnels hätte 1000 Meilen sein können, man hat das Gefühl, in die Unendlichkeit zu driften. Du hast das Gefühl des freien Falls, doch fällst du nicht wirklich, es ist eher eine Vorwärtsbewegung.“ [12]

Sabine Mehne wurde direkt ins Licht gezogen. Sie schreibt:

„Ich fühle, wie ich einem Sog folge. Es gibt etwas, das mich zieht, das mich haben will, das eine riesige Kraft und Faszination auf mich ausübt. Es ist, als öffnete sich mein Kokon und mein wahres Selbst landete in einem wunderschönen Licht. Ein Licht, wie ich es noch nie gesehen habe, es ist so hell, weiß und rein, manchmal ein wenig golden. Ein Licht ohne Schatten." [13]

Auf dem Weg ins Licht erweitert sich das Bewusstsein noch einmal dergestalt, dass nun Dinge der jenseitigen Welt wahrgenommen werden. Mitunter kommt es in diesem Übergang zu Begegnungen mit Verstorbenen.

Eine Frau erzählte mir:

„Das Licht, das am Ende der Dunkelheit aufschien, zog mich in seinen Bann. Plötzlich bemerkte ich, dass ich nicht alleine war. Da war eine Präsenz, die näher kam und dann sogar neben mir schwebte. Ich war ganz überrascht, als ich das Wesen als meine verstorbene Mutter erkannte, die schon vor 25 Jahren verstorben war. Sie lächelte und ich spürte ihre Liebe. Alle meine Ängste vor dem Unbekannten lösten sich auf."

Das Tempo des Gleitens und die Dauer können nicht beeinflusst werden, es geschieht einfach. Die Erlebenden haben keine Kontrolle darüber. Doch fast immer wird ein Ausgang beschrieben, der in ein Licht führt, das dann eine eigene Erfahrung birgt.

Dafür ein typisches Beispiel:

„Plötzlich zog mich mit unvorstellbarer Gewalt ein mächtiger Sog in einen nachtschwarzen Tunnel. In rasendem Tempo ging es hinein. Ich raste und sauste voll Todesfurcht weiter. Ganz plötzlich schimmerte in der Ferne ein wunderbares Licht. Gleichzeitig fühlte ich mich völlig schwerelos und frei. Magisch zog mich dieses immer größer werdende Licht an. Es wurde warm und machte mich glücklich.“ [14]

Die Begegnung mit dem Licht

Das Licht zieht die Erlebenden zu sich hin. Es wird assoziiert mit einer pulsierenden Energie der Liebe, die intensive positive Gefühle und Empfindungen auslöst. Viele berichten davon, direkt mit der Urkraft allen Seins in Kontakt getreten zu sein.

Hier ein paar typische Aussagen:

„Ich war ganz versunken in einem Gefühl allumfassender Liebe.“

„Diese Liebe war wie eine Energie, die jedes Molekül im Universum verband.“

„Ich ging in das Licht hinein. Es strahlte Wärme, Liebe, Verstehen und Wissen aus.“

„Ich fühlte mich sicher, eine glühende Liebe, wie ich noch keine gekannt hatte.“

Liebe wird als einzige wahre Wirklichkeit bewusst und ist die Urkraft hinter allem Sein, ein reines Bewusstsein nicht urteilender Liebe, die wir Gott nennen. Die Liebe ist der Urstoff, der das Universum zusammenhält. Die liebende göttliche Präsenz ist die Natur und Substanz von allem, was ist.

Die Lebensrückschau

In der Lebensrückschau werden wir nicht nur mit der eigenen Sicht der Dinge konfrontiert, sondern auch mit den Auswirkungen und Konsequenzen unser Gedanken, Worte und Taten auf andere Menschen. Die Lebensrückschau ist ein ungeschminkter Blick auf das eigene Selbst, und es bleibt nichts im Verborgenen. Keiner wird vom Lichtwesen verurteilt. Wenn jemand urteilt, sind wir es selbst. Die Rückschau ist ein Selbsterkenntnisprozess, ein Korrektiv zur Heilung seelischer Wunden.

„Als nächstes zeigte er mir meine Lebensrückschau. Dabei sieht und spürt man jede Sekunde, von der Geburt bis zum Tod. Man spürt seine Gefühle und auch die der anderen, denen man wehgetan hat, auch ihren Schmerz und ihre Gefühle spürt man. Das dient dazu, dass man aus einer anderen Perspektive erkennt, was für ein Mensch man war und wie man andere behandelt hat. Dabei beurteilt man sich härter als jeder andere." [15]

Die Lebensrückschau ist ein sehr vielfältiges, komplexes Erleben. In den letzten Jahren wurden Dank medizinischen Fortschritts immer mehr Menschen aus den Randzonen des Lebens zurückgeholt. Manche wurden während der Rückschau mit ihrem vor der Geburt festgelegten Lebensplan konfrontiert, mit früheren Leben, oder auch dem Sinn der menschlichen Existenz.

Die Rückkehr in den Körper

Die Rückkehr in den Körper findet auf unterschiedliche Art und Weise statt. Manche möchten den Ort des Friedens und der Liebe nicht wieder verlassen, andere wünschen sich, zu ihren Liebsten zurückkehren zu können. Alle, die wieder in ihren Körper eingetaucht sind, wissen durch die Lebensrückschau, dass sie noch eine Aufgabe zu erfüllen haben, oder noch von ihren Angehörigen gebraucht werden.

Ein Mann erzählte mir:

„Ich bat darum, bleiben zu dürfen. Doch die Zeit dafür war noch nicht gekommen. Im selben Moment dachte ich an meine Frau, die ich schwer krebskrank zurücklassen würde. Durch diese Einsicht fand ich mich in Sekundenschnelle in meinem Körper wieder. Ich war bereit, um mein Leben zu kämpfen."

Menschen, die eine tiefe Nahtoderfahrung gemacht haben, sind nicht mehr dieselben, die sie vorher waren. Sie münden in einen intensiven Transformationsprozess. Es ist nicht leicht, die Einsichten der höheren Wirklichkeit in das irdische Leben zu integrieren. Mitunter dauert es zehn Jahre oder mehr.

DIE BEDEUTUNG DER LEBENSRÜCKSCHAU FÜR UNSER LEBEN

Die Lebensrückschau vermittelt tiefe Einsichten in den größeren Sinnzusammenhang unseres Lebens. Wir sind mit uns selbst konfrontiert und es zeigt sich, dass keine einzelne Sekunde unseres Lebens fehlt. Wir schauen uns ungeschminkt ins Gesicht und verstehen, dass nichts verborgen bleibt. Wir sind mit den Gedanken, Worten, Taten und deren Auswirkungen auf andere Menschen befasst. Die Lebensrückschau hat viele verschiedene Aspekte.

Carol schreibt über ihr Erleben:

„Man könnte es durchaus Lebensrückschau nennen, aber irgendwie ging es noch tiefer und hatte viele verschiedene Aspekte. Denn ich sah die Ereignisse aus meinem Leben gleichzeitig aus drei verschiedenen Perspektiven: aus meiner eigenen, aus der Perspektive der Menschen, die daran beteiligt waren und aus der Perspektive eines unbeteiligten Zuschauers.“ [16]

Wir werden uns der Wirkung jedes Tuns, Gedankens oder gesprochener Wörter auf alles und jeden bewusst, wie auch der Auswirkungen auf Pflanzen und Tiere, Bäume, Wasser oder Luft, da wir durch eine feine Struktur der Ganzheit mit allem verbunden sind.

Tom erklärte:

„Du hast eine Wirkung auf Pflanzen. Du hast eine Wirkung auf Tiere. Du hast eine Wirkung auf das Universum. Und in deiner Lebensrückschau bist Du das Universum und erfährst Dich selbst und wie Du auf das Universum einwirkst.“ [17]

Diese Aussage bezieht sich auf die Einheit allen Seins, auf die viele Nahtoderfahrene immer wieder hinweisen. Zeit existiert ebenso wenig wie die Trennung von Allem, was ist. Unser Bewusstsein ist eingebettet in ein allumfassendes, lebendiges, pulsierendes Energiefeld und existiert ewig und überall, als Teil eines großen Ganzen, eines Überbewusstseins.

Anita schreibt:

„Mir wurde bewusst, dass wir alle miteinander verbunden sind. Das betraf nicht nur alle Menschen und jedes lebendige Geschöpf. Vielmehr schien sich diese wechselseitig verwobene Vereinigung nach außen hin auszudehnen und alles im Universum einzuschließen – jeden Menschen, jedes Tier, jede Pflanze, jedes Insekt, jeden Berg, jedes Meer, jeden unbeseelten Gegenstand und den ganzen Kosmos." [18]

Das Universum ist von lebendigem Bewusstsein durchdrungen, was uns aufzeigt, dass wir zu einem grenzenlosen Ganzen gehören. In diesem uns umgebenden Energiefeld, also mit Gott, sind wir mit allem Sein verknüpft, da wir alle Eins sind. Daher hat jeder oder jede von uns eine Auswirkung auf das kollektive Ganze. Der Blick auf das Panorama der Lebensrückschau verdeutlicht diese Verbundenheit für die Erlebenden. Wir erfahren, dass nichts verloren geht – weder Angst noch Freude, Schmerz oder Glück.

Alles, was in unserem Leben geschieht, offenbart sich durch die Gesamtschau des Lebens.

Darüber hinaus haben wir Zugang zum Bewussten und Unbewussten unseres Lebens und durch das erweiterte Bewusstsein zu den Energiefeldern, in denen die Gedanken, Worte und Taten aller Menschen gespeichert sind. Jede Kleinigkeit, die wir tun, ist festgehalten und kommt in der Lebensrückschau zum Vorschein.

P.M.H. Atwater ist eine sehr bekannte amerikanische Nahtodforscherin, die selbst drei Nahtoderfahrungen erlebt hat. Sie schreibt über ihre Lebensrückschau:

„Ich hatte keine Rückschau, sondern ich erlebte alles noch einmal. Ich dachte jeden Gedanken, den ich je gedacht hatte, noch einmal, ich sprach jedes Wort, das ich je gesprochen hatte, noch einmal und tat alles, was ich getan hatte, noch einmal und ich erlebte die Wirkung jedes Gedankens, jedes Wortes und jedes Tuns auf alles und jeden, mit dem ich je zu tun gehabt hatte, ob ich es wusste oder die Person kannte oder nicht. Kein Detail war ausgelassen, kein Versprecher, keine verschluckte Silbe fehlte. Kein Fehler oder Zufall blieb unbemerkt. Wenn es so etwas wie eine Hölle gibt, dann war da die Hölle, wenn Sie mich fragen." [19]

Wir spüren die Liebe, die wir mit anderen geteilt haben, aber auch all die Schmerzen, die wir anderen zugefügt haben. Die Rückschau ist ein Prozess höchster Selbsterkenntnis, wobei, und das sei an dieser Stelle betont, niemand verurteilt oder verdammt wird! In keinem der zahlreich dokumentierten Erlebnisse ist davon die Rede gewesen, dass das Licht oder die Lichtwesen in irgendeiner Weise selbst die negativsten Dinge verurteilen. Die eigentliche Frage ist, ob wir Liebe gegeben oder zurückgehalten haben. Wenn einer urteilt, sind wir es selbst. Wir sind der eigene Richter und gleichzeitig während des Prozesses in die bedingungslose Liebe des Lichtes eingehüllt. Wir werden unendlich geliebt, trotz aller Mängel und Fehler. Dieser ungefilterte Blick auf die eigene Innenwelt wird häufig als sehr unangenehm empfunden.

„Plötzlich spulte sich mein ganzes Leben vor mir ab. Jedes Gefühl, das ich im Leben gehabt hatte, fühlte ich wieder. Und meine Augen zeigten mir, wie sich dieses Gefühl auf mein Leben ausgewirkt hatte. Wie mein Leben bis dahin auf das Leben anderer Menschen eingewirkt hatte, und dabei umgab mich das Gefühl reiner Liebe als Vergleich. Und ich schnitt dabei maßlos schlecht ab. Wenn Du siehst, wieviel Liebe Du hättest geben können – das ist einfach verheerend." [20]

Weder Gedanken noch Gefühle können in der geistigen Welt geheim gehalten oder verborgen werden. Sie sind sozusagen ein offenes Buch. Alles, was wir ausgesandt haben, fällt auf uns zurück. Doch die Irrtümer und die Fehler, die Schuld – all das ist bereits vergeben. Es gibt keine Möglichkeit der Selbsttäuschung. Es ist die Tiefe der lebensverändernden Kraft der Lebensrückschau, welche die Menschen, die zurückgekommen sind, für immer verändert, also Persönlichkeitstransformation herbeiführt.

Was wir auf der irdischen Ebene für richtig halten - materiellen Gewinn, Macht, Ruhm etc. –, ist in der Lebensrückschau ohne Bedeutung. Es ist die Liebe, die wir durch Mitgefühl oder kleine liebevolle Gesten, die einzig wichtig sind, gelebt haben oder nicht. Der eindeutige Maßstab ist Liebe. Wir sind auf dieser Erde geboren worden, um seelisch und geistig an den Herausforderungen unseres Lebens zu wachsen – und vor allem, um lieben zu lernen. Gut und böse, richtig oder falsch sind die Fallstricke unseres Lebens, die Polaritäten, die stets Urteile und Verurteilungen sich selbst und anderen gegenüber nach sich ziehen.

Durch den klaren objektiven Blick auf die Ereignisse und deren Auswirkungen erkennen wir, dass Liebe ein allgemein gültiger Wert ist, nach dem wir leben sollen. Wenn echtes Mitgefühl unseren Alltag bestimmen würde, könnten sich die zwischenmenschlichen Beziehungen über Nacht verändern. Eine Gesellschaft aber, die für den eigenen Vorteil den anderen Konkurrenten zur Seite schiebt, kann sich nur durch mehr Mitmenschlichkeit erneuern.

Dannion umschreibt, wie das zu verstehen ist:

„Ich hatte den Schmerz der Reflektion verspürt, aber ich hatte hierdurch das Wissen gewonnen, das ich einsetzen konnte, um mein Leben zu korrigieren. Ich vernahm in meinem Kopf die Botschaft des Wesens: Menschen sind mächtige spirituelle Wesen, deren Aufgabe es ist, das Gute auf der Erde zu schaffen. Dieses Gute entsteht in aller Regel nicht durch kühne Taten, sondern durch einzelne, liebevolle Handlungen unter den Menschen. Die kleinen Dinge zählen, denn diese sind spontan und zeigen, wie man wirklich ist. Ich kannte jetzt das einfache Geheimnis, wie man die Menschheit verbessert.“ [21]

In der Lebensrückschau geht es darum, zu erkennen, dass wir für unser Leben selbst verantwortlich sind. Für all das Leid und die Grausamkeiten, die Menschen angetan werden, ist nicht Gott verantwortlich, sondern einzig der Wille des Menschen, in den die geistige Welt nicht eingreift. Wut, Zorn, Gier, Rachsucht, Schuldprojektionen, Missbrauch und Perversionen aller Art sind nichts anderes als ein Mangel an Liebe. Wir haben die Wahl, das Böse zu tun oder Mitgefühl und Liebe – die wir von unserem geistigen Kern her sind – zu leben.

Die Lebensrückschau ist ein objektiver Maßstab, um erkennen zu können, wie weit wir uns in diesem Leben geistig weiterentwickelt haben. Die grundsätzliche Lebensaufgabe jedes Menschen ist es, sich für die Liebe zu entscheiden. Dabei steht uns nur die Wahlmöglichkeit zur Verfügung, zwischen Angst oder Liebe zu entscheiden, also wie wir auf die Herausforderungen unseres Lebens reagieren.

Einblicke in frühere Leben

Heute mehren sich Erfahrungsberichte, in denen Erlebende während der Lebensrückschau auch mit früheren Leben konfrontiert worden sind. Dadurch kann der Fortschritt oder Rückschritt unseres spirituellen Wachstums beobachtet werden. Die Lebensrückschau erfolgt nicht aus einer Ego-Perspektive, sondern aus unserem höheren Selbst. Die Lebensbilanz dient dazu, die Seelenlektion unseres Lebens zu erkennen, damit seelisch-geistiges Wachstum vorangebracht wird. Wir allein sind für alle Entscheidungen, die wir im Leben getroffen haben, verantwortlich.

Anita Moorjani verfügte während ihrer Nahtoderfahrung über ein unbegrenztes Wahrnehmungsvermögen, wobei sie Vergangenheit, Gegenwart und Zukunft gleichzeitig wahrnahm. Sie schreibt:

> *„Es wurden mir Leben bewusst, die sich anscheinend gleichzeitig abspielten. In einer Inkarnation schien ich einen jüngeren Bruder zu haben, den ich beschützte. Ich wusste jedoch, dass die Essenz jenes Bruders dieselbe war, wie die Anoops, nur dass er in dieser Inkarnation der jüngere und nicht der ältere Bruder war. Jenes Leben schien in einem unterentwickelten ländlichen Gebiet stattzufinden, ich konnte aber weder Zeit noch Ort ausmachen … Zwar schien es sich um eine Szene aus einer historischen Vergangenheit zu handeln, doch es fühlte sich so an, als geschehe es hier und jetzt.“* [22]

Die Zeit läuft während einer derartigen Erfahrung nicht linear ab. Die Grenzen des irdischen Bewusstseins sind aufgehoben und alles geschieht simultan. Leben ist immer und überall, in welchen Dimensionen, Räumen oder Zeiten auch immer. Als unsterbliche geistige Wesen existieren wir immer schon jenseits aller Form und aller unterschiedlicher Leben.

P.M.H. Atwater schreibt:

„Leben ist immer und überall. Halten Sie an dieser Stelle kurz inne und denken Sie über diese fünf Worte nach. Sie bedeuten im wahrsten Sinne des Wortes, dass es kein Leben davor, kein Leben jetzt und kein Leben danach gibt. Sie sagen uns, dass auf irgendeiner Ebene in irgendeiner Form, an irgendeinem Ort oder irgendeiner Dimension oder Sphäre immer Leben existiert. Wir haben immer schon existiert. Wir existieren jetzt. Wir werden immer existieren. Die Ewigkeit ist unser Zuhause. Wir haben den Ort, an dem wir angefangen haben, nie verlassen. Nur die für uns wahrnehmbare Umgebung hat sich in jener Phase geändert, als die Ewigkeit sich für uns als Zeit manifestierte.“ [23]

Innerhalb der Nahtodforschungen sollte den Erinnerungen an frühere Leben mehr Aufmerksamkeit geschenkt werden. Dr. Rajiv Parti war über 30 Jahre Anästhesist am Bakersfield Heart Hospital in Kalifornien. Er schildert in seinem Welt-Bestseller „Erwachen im Licht“ zwei Visionen aus früheren Leben. Diese Visionen lieferten Erklärungen für einige Anteile seiner jetzigen Persönlichkeit, die es zu ändern galt. Das ist ein gutes Beispiel dafür, dass wir so lange mit den Herausforderungen der Vergangenheit konfrontiert sind, bis wir unsere eingebrannten Muster erlösen.

Zunächst findet sich Parti im mittelalterlichen Indien wieder. Er ist der Prinz der Region und schlägt wahllos auf seine untergebenen Bauern ein, um seine Macht zu demonstrieren. Er bemerkt, dass sein Handgelenk davon furchtbar wehtut. Während ihm diese Szene gezeigt wird, erinnert sich Parti, dass er sich in seinem jetzigen Leben einen Bänderriss im rechten Handgelenk zugezogen hatte. Er musste starke Schmerzmittel nehmen und war von ihnen abhängig geworden. Er schreibt:

„Ich konnte voller Scham zuschauen, wie ich diese Bauern mit ganzer Kraft verprügelte. Ich glaube, mein mittelalterliches Ich war völlig außer Kontrolle und hörte nicht auf mein modernes Ich. Aber mein Geist verarbeitete das Gesehene mit seiner neuen Einsicht und war entsetzt. Ich hörte die Stimme, die telepathisch mit mir sprach. Sie forderte mich freundlich, aber bestimmt auf, die Bauern um Vergebung zu bitten.“ [24]

Die Bauern nehmen die Entschuldigungen an und legen ihm die Hände auf. Nach der Rückkehr in seinen Körper stellte er fest, dass seine Schmerzen geheilt waren.

Ähnliche Heilungen werden auch von zahlreichen Rückführungstherapeuten berichtet. Wenn die Ursachen bestimmter Symptome aufgedeckt werden, verschwinden diese häufig von selbst.

Die Zeit ist nicht linear, wie wir das auf der Erde wahrnehmen. In der geistigen Welt kann sie rückwärtsgehen oder sich im Kreis bewegen. Vergangenheit, Gegenwart und Zukunft stehen gleichzeitig nebeneinander. Zeit ist eine menschliche Sichtweise, um den Lebensfluss auf der Erde einzuordnen. In der Ewigkeit, jenseits des Körpers, existiert keine Zeit. Alles ist gleichzeitig und eins.

Bei Dr. Parti kommt es im Anschluss zu einem Schnelldurchlauf durch unterschiedliche Leben, bis ein Rückblick in ein spezifisches, für ihn wichtiges Leben beginnt. Er befindet sich in einem kleinen Ort im Afghanistan des 19. Jahrhunderts. Er ist einer der führenden Opium-Produzenten der Region und selbst intensiv opiumsüchtig.

Das massive Suchtverhalten wurde Parti im Lebensplan für das jetzige Leben mitgegeben. Die Sucht nach Drogen und Schmerzmitteln, die ihn fast das Leben gekostet haben, war dieselbe Sucht, die er in seinem früheren Leben in Afghanistan erlebt hatte. Er wird mit diesem Leben konfrontiert, da es eine Chance bietet, Suchtverhalten zu ändern und Abhängigkeiten zu heilen. Parti veränderte sein Leben und resümiert:

„Ich erkannte, dass ich in meinem aktuellen Leben Verhaltensweisen aus meinen früheren Leben wiederholte, indem ich die Bedürftigen mit einem Mangel an Liebe und Fürsorge begegnete, meinen materiellen Wohlstand und sozialen Status missbrauchte und mich mit Schmerzmitteln und Antidepressiva gefühllos für das machte, was Leben wirklich bedeutet. Als mir diese Einsicht kam, wurde ich von einer weiteren Welle der Erkenntnis überflutet. Wenn ich nach dieser Operation noch am Leben war, musste ich diese Muster vollkommen durchbrechen und ein ganz anderes Leben führen.“ [25]

Das erfordert absolute Ehrlichkeit sich selbst gegenüber, Authentizität und Wahrhaftigkeit. Während der Lebensrückschau sind wir umgeben von reiner Liebe und Intelligenz. Diese reine Liebe ist die wahre Wirklichkeit und ist die zugrundeliegende Struktur des Universums als Ursprung der gesamten Schöpfung. Erkenntnis und Erleuchtung können sich erst dann einstellen, wenn der Mensch erkennt, dass Liebe überall ist und das Einzige ist, was zählt. Wir werden alle geliebt, doch müssen wir uns an unseren Ursprung wiedererinnern. Wir sind hier, um diese Welt zu einem besseren Ort für alle Lebewesen zu machen. Das Leben auf der Erde ist kurz, doch wir sind ewige Wesen. Wir sterben nie und gehen nur in eine andere Lebensweise über. Wir alle sind Teil eines großen Plans des Lebens.

Eine Nahtoderfahrene schreibt:

„Ich erkannte, dass alle Entscheidungen über ihr Leben trafen und diese Entscheidungen Auswirkungen auf andere hatten, die ebenfalls in ihrem Leben Entscheidungen trafen. Ich sah diese Entscheidungen und Handlungen, die zugleich Ursache und Wirkung waren über Jahrhunderte hinweg; Sie wurden eine nach der anderen in die Geschichte der Zeit eingewoben; Dies alles geschah seit Anbeginn der Schöpfung.“ [26]

Andere sprechen davon, dass sie nach dem Verlassen des Körpers sofort wussten, wo sie hingehen mussten. Sie erinnern sich, diesen Weg schon öfter gegangen zu sein. Reinkarnation wird als Tatsache angesehen. Ein Junge, der im Alter von 13 Jahren von einem Auto angefahren wurde, erinnerte sich während einer Meditation an seine damalige NTE. Dort wurde ihm eine Energiekugel überreicht.

Er schreibt:

„Diese Energie war alles, was ich je gewesen war, eine Kulmination meines Karmas aus früheren Leben sowie des Lebens zwischen dem Unfall und den 21

Jahren, die es dauern sollte, bis ich mich an die Nahtoderfahrung erinnerte. Ich sah und spürte alles, allen Schmerz, den ich würde loslassen müssen.“ [27]

Damit nicht genug. Plötzlich sah er eine Frau vor sich stehen:

„Ich kannte sie, obwohl ich sie noch nie gesehen hatte … ihre Worte erschütterten mich ins Mark „Hallo mein Lieber, du kennst mich noch nicht, aber du wirst mich noch kennenlernen. Wenn du dich entscheidest, zurückzukehren, dann möchte ich, dass du mir etwas versprichst … Ich möchte, dass du mich findest“. Heute weiß ich, wer diese Worte gesprochen hat. Diese Frau sollte später meine einzig wahre Liebe werden, meine Zwillingsseele.“ [28]

Er kam zurück und lernte die Frau im Jahr 2015 kennen.

Was uns bestimmt ist, ist bestimmt und in den Seelenplan eingeschrieben. Alles, was in unserem Leben geschieht, folgt einem übergeordneten Sinn. Nichts existiert getrennt voneinander und alles hängt mit allem anderen Sein zusammen. Alles ist in einen komplexen Zusammenhang eingebunden.

Es ist die Größe unserer Seele, die den Blickwinkel erweitert auf das vergangene Leben oder frühere Leben, nicht das Erden-Ich. Was uns im Leben auch begegnen mag, folgt einer höheren Ordnung, einem fein abgestimmten Seelenplan. Wir entwerfen die Drehbücher unseres Lebens zusammen mit anderen Seelen, mit denen wir inkarniert sind. Um möglichst viele Erfahrungen zu machen, spielen wir in den verschiedenen Leben unterschiedliche Rollen. Wer das erkennt, wird nicht länger im Widerstand gegen bestimmte Umstände seines Lebens sein und sich nicht länger als Opfer äußerer Umstände fühlen.

Anke Evertz, die eine sehr intensive NTE erlebte, erfuhr den tieferen Sinn ihres Lebens aus einer höheren seelischen Perspektive:

„Situationen meines Lebens tauchten auf, in denen ich mich an der Seite meiner Mutter sah und sie mir Themen der Angst und der Ohnmacht vorlebte. Jetzt jedoch konnte ich auch ihr seelisches Wesen erkennen. Ich spürte ihre bedingungslose Liebe zu mir und erhielt Einblicke in ihre übergeordnete Aufgabe, die sie als meine Mutter für mich erfüllte. Ich sah unsere liebevolle Verbundenheit und unser verzweifeltes irdisches Zusammenspiel als Mutter und Tochter. Um mir die Zusammenhänge noch verständlicher zu machen, zeigten sich mir nun Bilder aus vielen anderen Leben, die wir miteinander verbracht hatten.“ [29]

Es wird deutlich, dass wir alle bestimmte Seelenaufgaben übernommen haben – für andere und die für uns, damit Wachstum erreicht wird.

Auch bei ihrem Vater nahm Anke

„… in erster Linie die bedingungslose Liebe wahr, mit der wir uns auf seelischer Ebene wertschätzend gegenüberstanden. Als mein Vater war er jedoch der Mensch in meinem Leben gewesen, der meine schwersten emotionalen Wunden verursacht hatte. Er war für

mich immer eine übergroße Messlatte gewesen, in der ich meinen Wert festmachen konnte und mein größter Lehrmeister.“ [30]

Durch die Betrachtung weiterer früherer Leben mit ihrem Vater erkannte Anke, dass sie sich immer gegenseitig anstachelten und inspirierten. Sie waren Konkurrenten, Gegner oder Lehrer füreinander. Auf der höheren seelischen Ebene sind wir alle miteinander verbunden. Das lässt den Schluss zu, dass im Laufe verschiedener früherer Leben eine Seele der anderen hilft und sie im fortwährenden Reifungsprozess, für den wir auf die Erde gekommen sind, unterstützt.

Himmel oder Hölle?

Nicht alle Nahtoderfahrungen werden als angenehm erlebt. Erschreckende und belastende NTEs sind eindeutig in der Minderzahl und doch geschehen sie. Außerkörperliche Erfahrungen können in dämonische oder finstere, dunkle Bereiche der geistigen Welt führen, in eine Art Zwischenwelt. Angi Fenimore kam nach einer Begegnung mit der Finsternis zu dem Schluss, dass die Hölle vor allem ein Geisteszustand sei. Es ist immer die eigene Innenwelt, die wir uns schaffen und nach dem Tod kreieren. Dabei sind wir uns der Macht unserer Gedanken nicht bewusst, denn was wir denken, manifestiert sich unmittelbar in der geistigen Welt.

Das negative Erleben ist eine Begegnung mit der eigenen Angst. Erlebende berichten häufig, dass sie verzweifelt und hilflos waren, und dass sie Gott anflehten, sie aus dieser Enge, Verzweiflung und Finsternis zu erretten, was dann tatsächlich geschah. Schon Raymond Moody zitiert in seinem Buch „Nachgedanken über das Leben nach dem Tod“ eine Frau, die in eine dunkle Zone geblickt hatte:

„Dem Aussehen nach waren diese Gestalten viel menschenähnlicher ..., ihre Gesichtszüge waren voller Trauer und Verzweiflung. Sie schienen sich schleppend zu bewegen, sie schienen in dem Gedanken gefangen: „Es ist ja doch alles vorbei. Was soll ich bloß machen? Welchen Sinn hat das alles?" In ihrem Verhalten lag nur diese absolute niederdrückende Hoffnungslosigkeit. Sie schienen irgendwo zwischen Körperwelt und Geisterwelt festzusitzen, waren weder im Geistigen oder im Körperlichen. Es muss auf einer Art Zwischenstufe gewesen sein." [31]

Die Begegnung mit dieser Dunkelheit ereignet sich häufig beim Übergang durch den Tunnel in die andere Welt. Auf dieser Seelenreise begegnen die Erlebenden Dämonen oder dem Bösen und sehen Wesen, die in Finsternis vor sich hin vegetieren. Die Hölle ist aber nur ein Durchgangsstadium im Zyklus von Tod und Wiedergeburt. Die Elemente von Gefangenschaft, äußerstem Druck und Todesangst entsprechen den wichtigsten Merkmalen der biologischen Geburt.

In den Nahtoderfahrungen berichten viele von archetypischen Bildern himmlischer Landschafen, lichtvollen Gärten und von der bedingungslosen Liebe Gottes zu seinen Geschöpfen. Andererseits berichten manche von Erfahrungen, die negativ, dämonisch oder als böse oder Leere empfunden wurden. Diese Berichte erinnern an traditionelle Beschreibungen der Hölle. Andere äußern, als hätten sie nie existiert und seien von Gott getrennt.

Eine Frau schreibt:

„Ich fühle mich getrennt, als hätte ich nie existiert. Es gibt keinen einsameren Ort als den, an dem man

von Gott getrennt ist. Ich sah keine Flammen, nur völlige Dunkelheit – und spürte das Brennen. Ich hörte viele Leute schreien, aber ich sah niemanden. Es war ein dunkler, trostloser, schrecklicher Ort ohne Hoffnung auf Entkommen. Ich spürte die Hoffnungslosigkeit des Verlorenseins in dieser Qual, der Trennung von Gott bis in alle Ewigkeit.“

Auch Kat bat Gott um Hilfe:

„Ich bat ihn, mich von diesem Ort zu erlösen. Da hörte die Qual auf. Sie hat einfach aufgehört ... Ich war erfüllt von dem vollkommenden Frieden Gottes, einem Frieden, der niemals beschrieben werden kann. Einem Frieden, der jedes Verständnis übersteigt.“ [32]

Die Dimensionen der Hölle, die von Seelenreisenden geschaut werden, sind Gedankenkonstrukte von Seelen, die sich im Lauf des Erdendaseins mit ihren Kontrolldramen und schlechten Gewohnheiten herausgebildet haben, um die Unsicherheit des Lebens zu verdrängen. Durch die Gedanken werden als Reaktion auf die Angst vor dem Verlust, der Kontrolle des Gewohnten realistisch wirkende Illusionen erzeugt.

Es geht um die Erkenntnis, dass der Ursprung des Bösen die menschliche Angst ist, welche stets die bizarrsten und kriminellsten Verhaltensformen nach sich zieht, um eben diese Angst zu unterdrücken oder abzuschütteln. Wir projizieren das Böse auf eine Macht außerhalb von uns, als Dämonen, Teufel und ähnliches. In Wirklichkeit existiert diese Macht nur in uns selbst. Gleichzeitig bieten negative Erfahrungen die Möglichkeit durch Gottvertrauen zu erwachen – wie wir das in den Beispielen weiter oben schon gesehen haben.

Barbara R. Rommer beschreibt erschreckende Nahtoderfahrungen als verkleideten Segen. In einer Studie mit über 300 Personen stellte sie fest, dass auch furchterregende NTEs letztlich zu einer positiven und spirituellen Entwicklung führen.

Jay starb an einer Überdosis eines Rauschmittels:

> *„Ich verließ meinen Körper und kam in eine Dunkelheit – und es war wie die Ewigkeit. Da war eine Leere, voll von unglaublichem Leid und Schmerz. Es schien für immer zu sein … Ich war in der Hölle! Es war das Fehlen von allem: Die Abwesenheit von Liebe und anderen Gefühlen, einfach eine vollkommene Leere … Das war beängstigend. Es war ein emotionaler, psychischer und spiritueller Schmerz. Mein Geist war an diesen Ort herabgesunken. Ich war überzeugt, nie mehr zurückkehren zu können. Ich rief Gott um Hilfe an und durch die Macht und die Gnade Gottes wurde mir erlaubt, zurückzukehren.“* [33]

Nach seiner erschreckenden Nahtoderfahrung nahm Jay eine Kurskorrektur seines Lebens vor. Er glaubt daran, dass kosmische Kräfte jeden unserer Gedanken kennen und alles, was wir sagen, hören.

> *„Sie bewerkstelligen, dass wir in einer NTE genau das sehen, hören und fühlen, was wir brauchen, um notwendige Änderungen in unserem Verhalten oder in unseren Denkmustern vorzunehmen.“* [34]

Hölle oder Dämonen sind Illusionen, die nur im Denken der Menschen etwas Bleibendes haben. Wer im Sterben mit zu vielen unerledigten Spannungszuständen belastet ist, wird die selbst erschaffenen negativen Bewusstseinszustände durchschreiten müssen, um in die Reinheit und Klarheit der höheren geistigen Welten aufzusteigen, wo Schönheit, Friede und Liebe alles durchdringen.

Selbstzerstörerische Energieprojektionen – Angst, Wut, Hass, Selbsthass – zum Zeitpunkt des Todes beeinflussen das Erleben und Erwachen in die Jenseitsdimension. Negative Gedanken gestalten die feinstofflichen Energieumgebungen. Dadurch übernehmen wir die Verantwortung für unsere Gedankenschöpfungen. Nur wir selbst haben die Macht, selbstzerstörerische Gedanken loszulassen und in einen positiveren Bewusstseinszustand zu wechseln. Durch Bewusstwerdung der eigenen angstbasierten Energien können diese schon im Hier und Jetzt aufgelöst werden.

Gotteserfahrungen

In unzähligen dokumentierten NTEs ist immer wieder die Rede davon, Gott begegnet zu sein. Erlebende kommen mit der Überzeugung zurück, dass Gott wirklich existiert. Das Licht, das gesehen wird, ist die Urkraft hinter allem Sein, ein formloses Energiefeld als umfassende Kraft und Gegenwart. Alles Leben ist von der Allgegenwärtigkeit Gottes durchdrungen. ER ist der Schöpfer allen Seins und ist in allem. ER ist allmächtig, allwissend und wir als seine Geschöpfe sind nie von ihm getrennt.

Diese unermessliche Energie strahlt reine Liebe, Gnade und Güte aus. SEINE Präsenz tröstet und weiß alles über uns. ER ist uns näher als unser Atem. Alle Seelen sind SEINE Schöpfung ohne Anfang, ohne Ende, ohne Geschlecht, ohne Form, ohne Nationalität. Es geht in den Nahtoderfahrungen nicht um Gottesvorstellungen der unterschiedlichen Kulturen und Religionen. Vergleicht man die Vielfältigkeit der Aussagen miteinander, so ist stets von einer unbeschreiblich liebevollen Präsenz des Lichtes die Rede, von der Begegnung mit einer höheren Wirklichkeit, die als realer erkannt wird als das ganze vorherige Leben.

Erlebende sprechen auch davon, dass wir Menschen von unserem Ursprung her Liebe, Licht, Freude und Frieden sind, da wir alle den göttlichen Funken in uns tragen.

Eine Frau erinnert sich:

„Irgendwie sah ich mich selbst aus SEINER Sicht. Ich sah mich als wunderschönes, perfektes, leuchtendes Wesen und Frieden und Liebe, angefüllt mit Freude. Unser Selbst ist aus Liebe geschaffen, und die Liebe, die wir sind, strahlt dort wie eine Sonne.“ [35]

Nahtoderfahrene beschrieben ihr Erleben als Bewusstwerdung, Teil eines großen Ganzen zu sein, und erleben immer wieder die Einheit mit allem anderen Sein.

Eine Frau erzählte mir:

„... dass mir bewusst wurde, auch das Licht zu sein. Wir alle sind Teil dieses Lichts, wie auch jede Seele ein Teil Gottes ist. Somit sind wir alle eins, da der EINE GEIST Gott ist. Gleichzeitig war ich mir stets meiner Individualität bewusst.“

Bella schreibt:

„Meine Seele erkannte eine Wesenheit als Gott wieder. Ich empfand mich als Teil eines großen weißen Lichts und fühlte noch andere Wesenheiten, die voller Liebe, Güte und Frieden waren. Es ist schwer, Worte zu

finden für dieses Gefühl der Einheit mit allem, das mich erfüllte. Jede Seele steht mit den anderen Seelen in Verbindung. Jede hat ihren eigenen Sinn, jeder Mensch ist hier, um die vollkommenen Gaben zu entwickeln, die ihm helfen, seine ureigenste Aufgabe zu erfüllen.“ [36]

Für Erlebende ist es sehr schwer, diese ultimativen Gotteserfahrungen in Worte zu fassen, da sie sich während einer außerkörperlichen Erfahrung in einem erweiterten Bewusstseinszustand ereignet haben. Gott wird als namenlose Präsenz oder Energie wahrgenommen, die jenseits all dessen existiert, was sich mit Worten mitteilen lässt.

In den Nahtoderfahrungen werden immer wieder Begriffe wie „Einheit“, „Allgegenwart“ oder „der EINE“ verwendet. Damit wird auf eine lenkende Kraft hinter den Dingen und in allem Sein verwiesen. Diese bewusste Intelligenz oder Schöpferkraft durchdringt alle Aspekte der Schöpfung und umfasst alles kreative Potenzial, das denkbar ist. Gott wird häufig als geschlechtslos beschrieben, als unendliches Bewusstsein, als Energiefeld, aus dem jede und jeder stammt.

Martin schreibt:

„Ich machte ganz simpel die Erfahrung der Präsenz Gottes. Ich kann nicht beschreiben, wie sich das anfühlte. Ich war sprachlos, voller Ehrfurcht und Staunen. Gott überstieg einfach alles, was ich mir je hätte vorstellen können – er überstieg Sprache und Gedanken und war doch gleichzeitig da, vor meinen Augen, auf geheimnisvolle Weise nah und erreichbar. Ich weiß, das hört sich lahm an, aber es war: allumfassende Liebe, allumfassende Güte, allumfassendes Wissen.“ [37]

Nahtoderfahrene äußern häufig den Satz, dass wir alle eins mit Gott im Licht sind. Gott ist für alle Geschöpfe gleichermaßen da und als göttlicher Funke in jedem von uns. Das hat eindeutig mit der Lichtnatur Gottes zu tun. Es heißt schon in der Bibel:

„Gott wohnt in einem Lichte".

„Das Licht war Gott, und es durchdrang alles."

„Das Licht war Gott. Darüber herrschte in meinem Geist kein Zweifel. Es war die absolute Schöpfung, und es war überall um mich herum."

„Ich war sicher, ich war zu Hause, dort, wo ich hingehörte. Ja, Gott war das helle Licht, das ich sah."

Selbst wenn die Urkraft häufig als Licht erfahren wird, vermag Gott sich in verschiedenen Formen zu manifestieren. ER kennt die Vorstellungen, die manche Menschen von Gott haben und zeigt sich diesen Menschen entsprechend ihren Erwartungen, um ihnen die Angst zu nehmen.

„Ich hatte das Gefühl, Gott zeigte sich mir so, wie ich ihn mir immer vorgestellt hatte: als alten Mann mit langem Bart. ER hatte diese Gestalt angenommen, damit ich mich nicht fürchtete. Ich fühlte mich auch absolut sicher, so sicher wie noch nie in meinem Leben." [38]

Die unterschiedlichen Erscheinungsformen hängen von der persönlichen Denkweise und den entsprechenden Glaubensvorstellungen ab.

Eine Frau berichtete mir:

„Ich sah Gott – unvorstellbar, unbeschreiblich und nicht menschlich. ER hatte die Form von Polarlichtern, ein kristalliner Nebel in der Gestalt eines Mannes.“

Die Sterbeforschung hat herausgefunden, dass die Begegnung mit dem Licht, mit Gott, das weitere Leben wesentlich beeinflusst. Das Licht wird als transformierende Kraft erkannt und verändert die Persönlichkeit des Menschen als Träger des universellen Wissens. In der Wirklichkeit dieser bedingungslosen Liebe erkennen viele, dass unsere Welt, die wir für real halten, eine Illusion ist. Das Licht ist die Energie der reinen Liebe, die stärkste Macht, die es gibt.

Peggy schreibt:

„Das Licht zeigte mir, dass die Welt eine Illusion ist. Alles, woran ich mich diesbezüglich erinnern kann, ist, dass ich hinabschaute (auf das, was sie für Erde hielt) … und dachte: „Mein Gott, es ist nicht wirklich, es ist nicht wirklich.“ Es war, als ob alle materiellen Dinge lediglich Requisiten für unsere Seele seien, unser Körper mit eingeschlossen. Schwere Dinge, die wir sehen können, sind von einer niedrigeren Realität, und sie sind wirklich, aber nicht so, wie wir uns das vorstellen. Wir haben Unsichtbares aus höheren Ebenen an uns, die weitaus realer sind.“ [39]

Der Sinn des Lebens: Lieben lernen

Menschen mit Nahtoderfahrungen erhalten auf die wesentlichen existenziellen Fragen der Menschheit Antworten: Wo waren wir vor unserer Geburt? Wozu sind wir auf der Erde? Wohin gehen wir, wenn wir sterben? Was ist der tiefere Sinn des Menschen? Gibt es ein Leben nach dem Tod?

Während einer NTE erhalten die Betroffenen weniger konkrete Hinweise darauf, was sie im irdischen Leben tun oder lassen sollen. Die am häufigsten vermittelte Einsicht ist, dass unser irdisches Leben von größter Bedeutsamkeit ist und vor allem einen tieferen Sinn erfüllt. Jeder einzelne hat eine Aufgabe, und jede Seele wird gebraucht.

Wir sind hier, um Erfahrungen zu machen. Dabei kommt es vor allem darauf an, wie wir auf die Herausforderungen des Lebens – ob positiv oder negativ – reagieren. Das Wichtigste ist die Liebe. Je mehr Mitgefühl und Liebe wir aufbringen, umso erfüllender wird unser Leben.

Wir lernen die Lektion der Selbstliebe, um uns selbst so annehmen zu können, wie wir sind. Wir sollen einander lieben und gegenseitig akzeptieren. Die Frage nach dem Sinn des Lebens hat immer mit Liebe und Mitgefühl zu tun, zumal die Erfahrung der reinen Gottesliebe das prägendste Element einer Nahtoderfahrung ist.

Unsere Hauptaufgabe auf der Erde ist es, zu lieben. Das ist der eigentliche Sinn des Lebens, auch wenn die Menschheit noch nicht so weit ist, das zu verstehen. Nur Liebe ist wirklich, die göttliche Energie der Liebe, die alles Sein umfasst und durchdringt, ist die wahre Wirklichkeit. Wenn wir so andere akzeptieren, wie sie sind, Liebe praktizieren und durch unser Leben zum Ausdruck bringen, können wir alle Ängste und Blockaden überwinden.

Jean berichtet, was sie während ihrer Lebensrückschau über den Sinn des Lebens vermittelt bekam:

„Man sagte mir, dass die Erde eine große Schule sei, ein Ort, an dem man die spirituellen Lektionen ausprobieren kann, die man gelernt hat. Wo man testen kann, ob man fähig ist, das zu leben, von dem man weiß, dass es gut ist. Mir wurde bedeutet, dass manche Menschen auf die Welt kommen, um an einem oder mehreren Aspekten ihrer selbst zu arbeiten. Andere wiederum werden geboren, um der Welt an sich zu helfen.“ [40]

Jeder Mensch wird mit bestimmten Lebensaufgaben geboren, die in seinem Seelenplan verankert sind. Aber das Wichtigste scheint mir zu sein, seelisch und geistig zu wachsen und lieben zu lernen. Die durchgehende Botschaft der Nahtoderfahrung ist die fundamentale Wichtigkeit der bedingungslosen Liebe. Als ein vom Körper losgelöster Geist sind wir eingehüllt in eine unbeschreibliche, intensive, reine Liebe.

Eine Frau erzählte während eines Seminars:

„Ich war von unbeschreiblicher Liebe eingehüllt, die ich fühlte. Ein unermesslicher Frieden erfüllte mich. Ich war angenommen, wie ich bin. Diese übermächtige Liebe ist nicht in Worte zu fassen, sie ist unbeschreibbar und für den Menschen nicht vorstellbar. Es war, als wäre ich zu dieser Liebe geworden.“

Das Gottes-Licht oder die Urkraft hinter allem Sein ist ein reines Bewusstsein bedingungsloser Liebe, die Geborgenheit und Seligkeit entfacht. Diese Liebe ist unser Ursprung und ewige Heimat. Irdische Ich-Anhaftungen lösen sich auf.

Ein Mann berichtete mir:

„Ich schwebte in einer Helligkeit, wie ich sie so noch nie gesehen habe. Diese Helligkeit war weder eine Person noch ein Raum. Ich kann nur sagen, dass es die absolute Liebe war. So angenommen und geliebt fühlte ich mich noch nie. Das Licht war lauter Liebe und ich wusste, dass in diesem Licht alles Wünschen und Suchen ein Ende hat. Ich verstand den Sinn hinter allem Leiden und den Weltverlauf."

Liebe und Mitgefühl für die eigene Person und alle anderen Menschen sind von größter Bedeutung. Jeder Gedanke hat Einfluss auf uns selbst und den ganzen Kosmos. Erlebende erkennen, dass alles und jedes miteinander verbunden ist. SEINE Liebe ist der Klebstoff, der alle Universen zusammenhält. Liebe bringt mehr Liebe hervor. Mit liebevollen Gedanken erschaffen wir eine bessere Welt.

Dannion Brinkley schreibt:

„Menschen sind mächtige spirituelle Wesen, deren Aufgabe es ist, das Gute auf der Erde zu schaffen. Dieses Gute entsteht in aller Regel nicht durch kühne Taten, sondern durch einzelne liebevolle Handlungen unter den Menschen. Die kleinen Dinge zählen, denn diese sind spontan und zeigen, wer man wirklich ist." [41]

Im Endeffekt lässt sich die Stimme Gottes in dem populären Jesus-Wort „Liebet einander wie ich Euch geliebt habe", zusammenfassen.

Bedingungslose Liebe

Es ist für das Verständnis von Liebe wichtig, sich zu fragen, was bedingungslose Liebe bedeutet. Was sind ihre Eigenschaften? Liebe ist die zentralste menschliche Emotion und bewirkt ein Zugehörigkeitsgefühl für jeden Menschen. Aus den Nahtoderfahrungen lässt sich der Schluss ziehen, dass wir alle gleichermaßen von Gott geliebt werden, unabhängig von unserem Tun und Denken auf der Erde. Bedingungslose Liebe ist ein Bewusstseinszustand, der allem Sein zugrunde liegt – jenseits menschlicher Vorstellung. Diese wahre Liebe existiert in völliger Freiheit und ist Teil von allem.

Nahtoderfahrene berichten, dass sich ihre Einstellung zur Liebe und zum Leben absolut verändert hat. In einer objektiven Art und Weise wird sie distanzierter, da sie nicht länger personenbezogen ist. Der Fokus der Liebe ist ein anderer geworden und erstreckt sich auf alle. Durch die Verschmelzung mit der Gottesliebe erinnerten sich die Erlebenden daran, dass die Liebe der Ursprung allen Seins ist. Sie ist ein Urzustand und kann weder in Besitz genommen werden noch gehört sie jemandem, da sie allgegenwärtig ist.

P.M.H. Atwater schreibt über die bedingungslose Liebe, die sie erfahren hat:

„Es gibt nichts, was dem Gefühl nahekommt – es ist ein Gefühl und ein Wissen von Einssein, von totaler Freiheit und völliger Akzeptanz. Keine Forderungen. Keine Bedingungen. Keine Kriterien. Nur Liebe – grenzenlos, unendlich, allumfassende Liebe. Eine Liebe, die so verzeihend und vergebend, so total, so immens ist, dass sie alle Dimensionen übersteigt. Die Liebe auf der anderen Seite lässt im Vergleich jede Form von irdischer Liebe verblassen. Es ist Gottes Liebe. Man weiß das einfach.“ [42]

Bedingungslose Liebe weist niemanden ab und ist der Klebstoff, der das ganze Universum und die gesamte Schöpfung zusammenhält. In der allumfassenden, alles durchdringenden göttlichen Liebe lösen sich alle Emotionen, Gefühle, Bedürfnisse und Beziehungen in sich auf. Diese Liebe ist das Ziel der menschlichen Bewusstseinsentwicklung. Wir wollen dann nichts anderes mehr als in dieser totalen Liebe zu sein. In dieser Liebe sind wir eins mit allem anderen Sein. Für Menschen, die eine solche Erfahrung gemacht haben, verliert Liebe ihre Objektfunktion. Sie wird absichtslos, da keine Erwartungen, Bedingungen, Bedürfnisse oder Wünsche mehr an die Liebe gestellt werden. Wir erkennen die untrennbare Verbindung mit Gott.

Die Verbundenheit mit allem Wissen

Im Zentrum Gottes bekommen wir Antworten auf alle Fragen nach dem Sinn und Zweck des Lebens. In Resonanz zum göttlich kosmischen Bewusstsein tauchen wir in ein Wissen ein, das vorher nicht zugänglich war. Nahtoderfahrene werden sich eines ewigen universellen Wissens bewusst. Der Gesamtzusammenhang unserer Identität zwischen Gott und Welt wird offenbart. Die Konzepte der irdischen Wirklichkeitserfahrung werden transzendiert. Die Verbundenheit mit dem uneingeschränkten Wissen beantwortet jede Frage. Das ist ein wesentlicher Aspekt einer Gotteserfahrung, in der alles eins ist. Wir erkennen, dass das Wissen aller Zeiten im allumfassenden göttlichen Bewusstseinsfeld gespeichert ist. Wir sind eins mit allem, was jeweils war.

Tom Sawyer beschreibt die Essenz Gottes:

„Die Essenz Gottes beinhaltet totales Wissen, Allwissen und unbedingte Liebe. Alles ist Gegenwart, es vergeht keine Zeit. Das Erlebnis des totalen Wissens wurde mir geschenkt. Es war ein Geschenk der Liebe.

Gott liebt und stellt uns dieses totale Wissen zur Verfügung. Dabei spürte ich unendliche göttliche Macht.“ [43]

Die Begegnung und Verschmelzung mit dem Göttlichen beinhalten die gleichzeitige Erfassung von allem Wissen, was war oder sein wird. Zeitliche Begrenzungen sind aufgehoben und verschmelzen in die Einheit des ewigen Jetzt. Das Bewusstsein erweitert sich und dehnt sich immer mehr aus. Dadurch wird die Essenz allen geistigen Wissens zugänglich.

Peggy beschreibt, wie ihr viele Einsichten zuteilwurden:

„Ich hatte an diesem Ort nicht das begrenzte Bewusstsein, das man auf der Erde hat. Du hast das Gefühl, als hättest du 125 Sinne und nicht nur fünf wie sonst. Du kannst ohne jede Anstrengung alles tun, denken, begreifen .... Es ist als hättest du die Fakten unmittelbar vor dir, ohne jedes Risiko einer Falschinterpretation, weil die Weisheit einfach das ist! Nichts ist verborgen. Kommunikation geschieht, indem du Fragen und Antworten einfach denkst. Gut ausformulierte Gedanken kommen dir wie von selbst in den Sinn, und du weißt, sie rühren von einer anderen Quelle her .... In diesem Reich liegt alles, auch Wahrheiten zum Beispiel, einfach vor dir. Der Geist steht an oberster Stelle.“ [44]

Nahtoderfahrungen sind kulturübergreifende und religionsunabhängige Erlebnisse und werden von Menschen jedes Berufes und jeden Alters ähnlich erlebt. Sie ereignen sich unabhängig von Alter und Geschlecht oder Religionszugehörigkeit, und unabhängig davon, ob jemand Atheist ist. Gemeinsam ist allen Erlebenden, dass ihre bewusstseinserweiternden Erfahrungen sie mit dem göttlichen Bewusstsein der reinen Liebe sowie der Kontinuität ihrer individuellen Bewusstseinsessenz konfrontieren. Durch das Eingebundensein in das höhere Seelenbewusstsein, kommt es zu einer Verbundenheit mit allem Wissen und mit Gott. Es fällt wie ein Schleier von den Augen, wenn die Erlebenden erkennen, dass sie ein ewiges geistiges Wesen sind.

Ein junger Mann schreibt:

„Es kam mir vor, als ob mir alles, was ich jemals wissen musste oder wissen wollte, verfügbar sei. Aber als ich fragte: „Weshalb bin ich hier?", spürte ich ein abruptes Ende dieses Gefühls. Es war, als würde all dieses Wissen aus meinem Innern kommen, denn ich musste mit niemanden sprechen – alles geschah einfach. Jedes Mal, wenn mir eine Frage kam, war es wie eine Erleuchtung." [45]

Wir alle sind mit der Quelle des Ursprungs allen Seins verbunden. Hinter allem Sein existiert ein bewusster Geist, der die Ursache aller Schöpfung ist. Die Erlebenden sprechen davon, dass sie eins waren mit allem, was ist. Das zeigt sich auch darin, dass die Metaphern und Umschreibungen einer Gotteserfahrung immer ähnlich sind.

Hier ein Auszug aus einer der tiefsten Nahtoderfahrungen, die je beschrieben wurden: Mellen Thomas Benedict berichtete:

„Und ich wurde in das Licht gebracht, und zu meiner Überraschung durch es hindurch .... Schließlich bekam ich das Gefühl, dass ich durch alles hindurch-

ging, was je gewesen war .... Es geschah alles so schnell, aber es war auch so detailliert, dass ein weiteres Licht genau auf mich zukam, und als ich dieses Licht traf, war es, als würde ich mich auflösen oder so. Und in diesem Augenblick verstand ich, dass ich zum Urknall kam. Das war das erste Licht überhaupt, und ich flog durch den Urknall. Plötzlich war ich in dieser Leere und war mir aller Dinge bewusst, die jemals erschaffen worden waren. Es war, wie wenn ich durch Gottes Augen schaute. Ich war Gott geworden. Plötzlich war ich nicht mehr ich selbst .... Und plötzlich wusste ich, warum jedes Atom war, und ich konnte alles sehen .... Und dann lief die ganze Erfahrung rückwärts ab. Ich flog durch den Urknall zurück, und an diesem Punkt begriff ich, dass alles seit dem Urknall, seit dem, was das erste Wort genannt wird, eigentlich die erste Schwingung ist. Bevor es irgendeine Schwingung gab, gab es einen Ort.“ [46]

Mellen beschreibt einen Durchbruch in das höhere kosmische Bewusstsein. Er nimmt das gesamte Universum als reine multidimensionale Natur der Wirklichkeit wahr. Durch eine Verschmelzung mit seinem höheren Selbst und seinem Erden-Ich wurde er in die multidimensionalen höheren Lichtwelten katapultiert. Wie auch andere Nahtoderfahrene berichten, begegnete Mellen einem zweiten zentralen Licht, das eine Verschmelzung mit Gott beinhaltete. In der Gemeinschaft mit Gott sind wir ewige Wesen, die schon vor dem Urknall in IHM existiert haben. Wir alle sind eine bewusste Seele, noch bevor wir erschaffen wurden.

Das Erlebnis des kosmischen Bewusstseins wurde von Mystikern und Heiligen in der menschlichen Geschichte immer wieder ähnlich beschrieben. Ich möchte hier abschießend einen Auszug einer tiefen Erfahrung des indischen Heiligen Paramahansa Yogananda zitieren, die er in seiner „Autobiographie eines Yogi" sehr ausführlich beschrieben hat:

„Mein Ich-Bewusstsein beschränkte sich nicht mehr auf den Körper, sondern umfasste alle mich umgebenden Atome. Menschen aus fernen Straßen tauchten plötzlich in meinem Blickfeld auf, das sich ins Unermessliche erstreckte. Die Wurzeln der Pflanzen und Bäume schimmerten durch den transparent gewordenen Boden hindurch, und ich konnte den inneren Saftstrom erkennen .... Meine gewöhnliche Sicht erweiterte sich zur unermesslichen sphärischen Sicht, sodass ich alles gleichzeitig wahrnehmen konnte." [47]

Dieser panoramaartige Rundblick von 360 Grad, bei dem alles Sein gleichzeitig wahrgenommen wird, wird häufig in NTEs beschrieben, was aber für viele Menschen vollkommen unverständlich bleibt. Yogananda spricht von einem „vereinigenden Licht", das alles miteinander verbindet, das aus einem ewigen Quell – dem Grundstoff der Schöpfung – Milchstraßensysteme bildet. Nun wird es kosmisch:

„Ich erkannte, dass der göttliche Geist unerschöpfliche Glückseligkeit ist und dass SEIN Körper aus zahllosen Lichtgeweben besteht. Die sich in meinem Inneren ausbreitende Seligkeit begann Städte, Kontinente, die Erde, Sonnen- und Sternensysteme, ätherische Urnebel und schwebende Universen zu erfassen. Der ganze

Kosmos flimmerte wie eine ferne, nächtliche Stadt in der Unendlichkeit meines eigenen Selbst.“ [48]

Wenn die Menschen nach dieser Verschmelzung mit allem Wissen in ihren Körper zurückgekehrt sind, können die meisten die Inhalte des universellen Wissens nicht erinnern. Im Zugang der Verschmelzung jedoch sind sie als Teil eines kollektiven Bewusstseins eins mit allem Leben, allem Sein. Dieses Wissen steht uns allen zur Verfügung. Ein Betroffener drückt dies als ein Gefühl aus, als „wären mir alle Antworten gegeben. Als ich dann zurück in meinen Körper ging, habe ich das meiste wieder verloren.“

Es geht hier nicht um intellektuelles Wissen, sondern um Schöpfungsgeheimnisse.

Jennifer umschreibt:

„Alles stand mir klar vor Augen – Sprachen, Tod und Leben, Gott, Schöpfung, Liebe, Frieden, Freude, Leid. Ich erkannte die Unendlichkeit, das Eins-Sein, die Wandelbarkeit und das Allwissen aller Wesen .... Die Aufgabe, die man mir erteilte, war, dieses Wissen zu verbreiten – das Wissen, dass Liebe das Ziel und dass der Sinn der Liebe das Leben ist.“ [49]

Ewiges Leben ist Liebe – besser kann die Stimme Gottes in den Nahtoderfahrungen nicht zusammengefasst werden.

Persönlichkeitsveränderungen

Die wohl wesentlichsten und nachhaltigsten Auswirkungen einer Nahtoderfahrung sind die vielfältigen Persönlichkeitsveränderungen, die sich einstellen. Nichts bleibt so, wie es vorher war. Das bisherige Weltbild wird völlig auf den Kopf gestellt. Die Konfrontation mit unbegrenzten göttlichen Bewusstseinsdimensionen setzt einen Transformationsprozess in Gang. Die Erlebenden wissen durch eigene Erfahrung, dass es ein Leben nach dem Tod gibt, dass Bewusstsein außerhalb des Körpers weiterexistiert und Gott als Urkraft oder Energiefeld hinter allem Sein steht.

Viele Forscher haben sich in den letzten 40 Jahren intensiv mit den Persönlichkeitsveränderungen beschäftigt. Dabei ist die Hauptfrage, wie es sich wissenschaftlich erklären lässt, dass sich das Leben eines Menschen nach nur zwei- oder fünfminütigem Herzstillstand gravierend verändert. Durch die gegenwärtig durchgeführten prospektiven Studien – in denen Menschen nach einem Herzstillstand in unterschiedlichen Kliniken in Europa befragt wurden – wurden die Aussagen von Erlebenden einer NTE im Laufe mehrerer Jahre festgehalten. Dadurch bekamen Wissenschaftler tiefe Einblicke in die Auswirkungen einer Nahtoderfahrung. Die Dauer des Transformationsprozesses hängt von der Integrationsfähigkeit eines Betroffenen ab.

Es ist keinesfalls so, dass jemand, der in seinen Körper zurückgekehrt ist und auf einer Intensivstation wieder zu sich kommt, automatisch ein neuer Mensch geworden ist. Persönlichkeitsveränderungen unterliegen einem länger andauernden Transformationsprozess, der mitunter 20 bis 30 Jahre andauern kann. Die Akzeptanz der Erfahrung und die gesammelten Erkenntnisse hängen von der Aufgeschlossenheit des persönlichen Umfelds ab – Angehörige, Partner, Freunde sowie Ärzten und Pflegepersonal. Menschen mit einer NTE machen häufig die Erfahrung, dass andere nicht fähig sind, überhaupt zuzuhören oder sich vorurteilsfrei und kommentarlos mit dem Erlebten auseinandersetzen zu können oder zu wollen.

Pim van Lommel schreibt in seiner Nahtodstudie „Endloses Bewusstsein" dazu:

> *„Dieser Prozess dauert meistens mindestens sieben Jahre, manchmal auch länger, da der Integrationsversuch sowohl beim Menschen mit einer NTE als auch in ihrem näheren Umfeld enorme Widerstände hervorruft. Ich bin Menschen begegnet, denen es erst nach 50 Jahren gelungen war, über ihre NTE und deren Konsequenzen zu sprechen. Aus Furcht vor Zurückweisung hatten sie ihre Erfahrung wie ein Geheimnis gehütet."* [50]

Der Verarbeitungsprozess ist also davon abhängig, inwieweit das Umfeld positiv oder negativ reagiert. Das Bedürfnis nach Kommunikation ist der Wunsch nach Unterstützung. Andere verarbeiten ihre Erfahrung hingegen im Stillen.

Ich möchte nun die verschiedenartigen Veränderungen der Nahtoderfahrenen genauer untersuchen. Die unterschiedlichen Aspekte werden durch die Aussagen Betroffener ergänzt.

Neues Selbstbild

Menschen haben durch das Erleben einer Nahtoderfahrung erfahren, dass sie wesentlich mehr sind als ihr begrenztes Erden-Ich. Sie haben ein neues Bewusstsein, sozusagen einen transpersonalen Blick bekommen, wer sie im tiefsten Inneren ihres Wesens sind. Ihr menschliches Bewusstsein ist über das Persönliche oder das Ego hinausgegangen. Das geht mit einem gesteigerten Selbstwertgefühl einher. Viele entwickeln völlig neue Denkmuster und können sich und andere besser annehmen.

Sie sind so auch nicht länger abhängig von der Anerkennung anderer. Sie wissen vom Eingebundensein in einen viel größeren Sinnzusammenhang ihres Lebens.

Eine Frau erzählte mir nach einem Seminar von den Auswirkungen ihrer NTE:

„Alles, was ich bisher für Realität hielt, löste sich auf. Wer Gott persönlich erfahren hat, weiß, dass die Wirklichkeit SEINER Liebe alles Menschliche überstrahlt. Ich fühle mich befreit durch die Selbstakzeptanz, die ich durch SEINE Liebe erfahren habe. Ich bin nicht länger abhängig von der Meinung anderer und werde von meiner inneren Stimme geführt. Ich kann die Herausforderungen oder Krisen des Lebens gelassener annehmen, da mein Gottvertrauen und das Bewusstsein, dass ER immer bei mir ist, den Blick auf die Welt verändert haben. Auch die Beziehung zu meinen Mitmenschen hat sich verändert. Wem immer ich begegne oder was ich tue, versuche ich die Liebe, die ich erfahren habe, weiterzugeben. Letztlich hat sich mein Gefühlsleben völlig verändert. Ich habe das Bedürfnis, anderen zu helfen und beizustehen. Ich urteile auch nicht mehr so, wie ich das vor meiner NTE getan habe.“

Das Ego, das alte Selbst, das auf Ängsten, Abwehrhaltung und mangelnder Selbstachtung beruhte, verwandelt sich in ein gesteigertes Selbstvertrauen. Die Zurückgekehrten erkennen, dass sie hier noch eine Aufgabe zu erfüllen haben. Viele sind spiritueller geworden und verspüren eine größere Wertschätzung für das Leben. Das zeigt sich auch durch eine enge Verbundenheit mit der Natur.

Menschen, die eine Nahtoderfahrung hatten, gehen oft liebevoller und mitfühlender mit ihren Mitmenschen um, wodurch sich ihre Beziehungen positiv verändern.

Rusty schreibt:

„Meine Sicht des Lebens und das, was ich für wichtig halte, hat sich verändert. Meine Erfahrungen und das Miteinander mit anderen, besonders mit meiner Familie, sind viel wichtiger geworden.“ [51]

Gwen schreibt:

„Früher hatte ich nie Geduld, jetzt habe ich sie in rauen Mengen. Ich habe jetzt auch ein gutes Urteilsvermögen. Das war früher nicht so. Ich habe Mitgefühl und weiß, dass kein Mensch in diesem Leben je vollkommen sein wird.“ [52]

Im Grunde genommen geht es hierbei durch liebevolleren Umgang mit anderen Mitmenschen um die goldene Regel: Behandle alle Menschen so, wie du selbst gerne behandelt werden möchtest. Würde die Menschheit kollektiv mehr Mitgefühl und Liebe leben, hätten wir eine neue Welt!

Keine Angst vor dem Tod

Das menschliche Dasein bietet keinerlei Sicherheiten gegen die Wechselfälle unseres Lebens, die nicht kalkulierbar sind, da wir in den Kreislauf von Geburt und Tod eingebunden sind. Die Angst vor dem Tod gehört zu den größten Ängsten der Menschheit und wird auch als Mutter aller Ängste bezeichnet. Das ist die Angst vor der Nichtexistenz bzw. vor dem Ausgelöschtwerden.

Viele Menschen fürchten den Tod so sehr, dass sie ihr Leben nicht richtig leben können, und sorgen sich unablässig um das Leben und die Gesundheit anderer. Angst verhindert, sich fallenlassen zu können, sich dem Leben hinzugeben oder sich anderen gegenüber zu öffnen. Viele haben Angst, die Kontrolle über sich zu verlieren. Das Wort „Angst" kommt von dem Lateinischen „angustina", was „Enge" bedeutet. Es erstaunt wenig, dass die Hälfte der deutschen Bevölkerung, ich würde sogar sagen, der gesamten Menschheit, an Angststörungen oder Panikattacken leidet.

Die befreiende Botschaft der Nahtoderfahrenen ist die übereinstimmende Aussage, dass sie weniger oder gar keine Angst vor dem Tod mehr haben. Sie haben die Erfahrung gemacht, dass der Tod nur ein Übergang in eine andere Form des Seins ist und Gott wirklich existiert. Der Tod verliert seinen Schrecken, da er als Erwachen in die Liebe erfahren wird. Das ist eine lebensverändernde Wirkung der Nahtoderfahrung.

Ein Patient von Pim van Lommel sagte:

„Ich fürchte mich überhaupt nicht mehr vor dem Tod. Ich betrachte die Erfahrung als ein Geschenk. Ich weiß nun, dass mich nach dem Tod noch etwas erwartet. Dafür bin ich dankbar. Ich glaube, dass ich darüber sprechen sollte, um anderen zu helfen und sie zu beruhigen, wenn sie sich vor dem Tod fürchten. Ich fühle mich privilegiert."[53]

Der Tod ist keinesfalls das Schlimmste, was uns widerfahren kann. Die außerkörperliche Erfahrung hinterlässt tiefe Spuren und die Gewissheit, dass es ein Leben nach dem Tod gibt.

Hierzu ein paar Stimmen:

„Ganz sicher wurde ich verwandelt. Ich habe keinen Zweifel, dass es ein höheres Bewusstsein gibt und dass der Tod nichts ist, vor dem man Angst haben müsste. Bewusstsein ist ewig."

„Und noch etwas ist für mich eine neue Wahrheit geworden: Der Tod ist nicht das Ende – liebe Menschen warten im Sterben und erleichtern den Weg, und sie sprechen mit Dir. Es war dort so, als wäre alles aufgehoben: Zeit, Raum, Wissen, Erfahrung – alles fällt in Eins zusammen."

„Doch um eine Hoffnung bin ich wohl reicher geworden: dass der Tod das Leben nicht vollends auslöscht, dass er uns eher wie ein Freund in ein anderes, unbekanntes Dasein hinübergeleitet." [56]

Die Auseinandersetzung mit den NTEs und das Lesen der Berichte kann dabei behilflich sein, die Angst vor dem Tod zu überwinden. Die überaus große Übereinstimmung in den zahlreichen Berichten zeigt auf, was wir alle erleben werden, wenn wir sterben. Ich finde es sehr tröstlich zu wissen, wohin wir alle gehen werden, und dass die Urkraft hinter allem Sein reine Liebe ist.

Toleranz, Akzeptanz und Mitgefühl

Menschen mit Nahtoderfahrungen können mit den ständigen Veränderungen im Leben, denen wir gegenüberstehen, und dem Bewusstsein der Vergänglichkeit besser umgehen. Die Fähigkeit,

im Augenblick des Jetzt zu leben, ermöglicht es ihnen, das Leben so anzunehmen, wie es gerade ist, und anderen gegenüber toleranter zu sein. Dieser Bewusstwerdungsprozess führt dazu, nicht länger über andere zu urteilen oder sie auszugrenzen. Viele öffnen sich dem Spirituellen gegenüber.
Ein Mann erzählte mir:

„Seit meiner NTE bin ich viel toleranter geworden und beschäftige mich mit spirituellen Inhalten der Mystik oder den Heiligen Schriften der Weltreligionen. Das sind Momente stillen Glücks und voller Zufriedenheit jenseits des Alltags. Ich bin dankbar für mein Erleben, das ich heute als das größte Geschenk betrachte."

Menschen werden gelassener in ihrer Geisteshaltung, denn sie haben erkannt, dass Liebe, Mitgefühl und Vergebung ausschlaggebend für ein gelingendes Leben sind. Sie fühlen sich mit allem Lebendigen verbunden, da sie wissen, Teil eines großen Ganzen zu sein. Verständnis aufzubringen für alle Wesen ist die wohl wichtigste Lektion, die das Leben der Betroffenen für immer verändert.

Eine Frau resümiert:

„Wenn wir glauben, wir könnten jemand anderen oder einem anderen Lebewesen wehtun, ohne uns selbst wehzutun, dann täuschen wir uns gewaltig. Mir wurde gezeigt, was bedingungslose Liebe ist, mir wurde bedingungslose Liebe geschenkt, und wenn das geschieht, dann kann man einfach keinem anderen Menschen mehr absichtlich wehtun." [57]

Wir alle sind Teil eines allumfassenden Universums. Die wichtigste Lebensaufgabe für jeden Menschen ist es, lieben zu lernen.

Paranormale oder intuitive Fähigkeiten

Viele berichten von neu erworbenen paranormalen Fähigkeiten.

Sie bekommen Botschaften aus der geistigen Welt oder treten mit Verstorbenen in Kontakt. Andere entwickeln heilerische Fähigkeiten, Hellsichtigkeit, Telepathie oder Wahrträume können auftreten. Für die Erlebenden ist es natürlich nicht leicht, mit diesem längeren Transformationsprozess umzugehen, es erfordert eine starke Persönlichkeit, die in ihrer Mitte ist. Bisherige Denkkonzepte werden in Frage gestellt, damit sich Blockaden und Ängste in Vertrauen den neuen Fähigkeiten gegenüber verwandeln können.

Eine erhöhte intuitive Sensibilität gehört zu den häufigsten Folgen einer Nahtoderfahrung. Auch das Einfühlungsvermögen in andere ist gesteigert. Man spürt plötzlich die Gefühle und den Kummer der anderen. Es sei darauf hingewiesen, dass eine verstärkte Intuition bei manchen zu massiven Problemen führen kann, denn plötzliche Medialität oder Hellsichtigkeit kann als sehr bedrohlich empfunden werden.

Ein Mann beschreibt acht Jahre nach seiner NTE, wie sehr sich sein Leben danach verändert hat:

„Ich bin viel emotionaler geworden. Ich habe ein starkes Gefühl für Gerechtigkeit entwickelt. Ich bin geduldiger und ruhiger geworden .... Früher hatte ich keine Ahnung von spirituellen Dingen. Ich interessierte mich nicht dafür. Doch jetzt habe ich hellseherische Kräfte in mir entdeckt, mit denen ich anderen Men-

schen helfen kann. Ich habe ein sicheres Gespür für die Dinge. Im Laufe der Zeit habe ich gelernt, damit umzugehen. Heute gehe ich ganz nach meinem Gefühl .... Ich habe jetzt einen Blick für Dinge, die ich vor meiner Erfahrung gar nicht wahrgenommen habe. Ich finde, dass in der heutigen Welt viel zu wenig aus dem Herzen gelebt wird.“ [58]

Reaktionen des Umfeldes

Der Verarbeitungsprozess und die Integration einer Nahtoderfahrung in die Persönlichkeit eines Menschen sind stark abhängig von den Reaktionen der Angehörigen und Freunde. Die westliche Kultur lässt wenig Raum für spirituelle Erfahrungen. Sterben, Tod und das Leben danach sind nach wie vor Themen, die in der Öffentlichkeit weitgehend ignoriert und tabuisiert werden. So mancher Nahtoderlebender macht die unangenehme Erfahrung, dass die Unterstützung sogar in der eigenen Familie zu wünschen übriglässt. Schon direkt nachdem sie in den Körper zurückgekehrt sind, wollen manche über ihr Erleben sprechen. Viele erfahren Zurückweisung, da Angehörige oftmals nicht in der Lage sind, auf das Erlebte zu reagieren. Andere sind skeptisch und können sich nicht vorstellen, was der Betroffene erlebt hat, oder wollen gar nicht wissen, dass jemand in Todesnähe gewesen ist.

Berichte über NTEs machen vielen Menschen immer noch große Angst. Wenn dann auch noch Ärzte oder das Pflegepersonal keine Bereitschaft zeigen, sich mit dem Erleben auseinanderzusetzen, fühlen sich die Betroffenen allein gelassen. Es kommt sehr häufig vor, das haben prospektive Studien der letzten Jahre eindeutig belegt, dass das Umfeld nicht bereit ist, die Integration einer Nahtoderfahrung im Alltag zu unterstützen.

Eine Frau erzählte mir:

„Mein Mann wollte einfach nicht wahrhaben, dass ich ein anderer Mensch geworden bin. Durch die spontane und für mich unerwartete Begegnung mit dem Tod fühlte ich mich geborgen im Licht. Ich hatte die persönliche Erfahrung gemacht, dass es in Wirklichkeit keinen Tod gibt und wir unendlich geliebt werden. Doch mit meinem Mann konnte ich darüber einfach nicht sprechen. Er lehnte es grundsätzlich ab, sich damit auseinanderzusetzen. Ein paar Jahre später ließen wir uns deswegen scheiden, was häufiger vorkommt als die meisten denken."

Das vorurteilsfreie und kommentarlose Zuhörenkönnen ist für die Betroffenen am wichtigsten, damit sie aussprechen können, was sie in ihrem tiefsten Inneren bewegt. Erlebende suchen nach Bestätigung, ob durch Bücher oder Nahtodgruppen. Es ist für sie überaus wichtig, die Erfahrung verstehen zu können. Nur dann kann der Integrationsprozess wirklich vollendet werden. Deswegen dauert dies bei vielen auch so lange Zeit. Es ist ein sehr mühevoller Prozess und manche bleiben auf sich selbst zurückgeworfen.

Ich selbst habe die Erfahrung gemacht, dass manche erst nach 30 oder 40 Jahren im geschützten Rahmen eines Seminars über ihr Erleben sprechen. Auch nach Vorträgen werde ich oft von Menschen angesprochen, dass sie durch den Vortrag das erste Mal verstanden haben, was sie erlebt haben und dass sie damit keineswegs allein sind. Es ist noch viel Aufklärungsarbeit nötig, um das Verständnis und die Bedeutung der Nahtoderfahrungen für unseren Umgang mit dem Tod einer breiteren Öffentlichkeit zugänglich zu machen.

KAPITEL 3

REINKARNATION UND RÜCKFÜHRUNGSTHERAPIE

REINKARNATION ALS REALES PHÄNOMEN

Die Lehre von Reinkarnation, also Wiedergeburt, geht von mehrmaligen Inkarnationen der Seele in einem menschlichen Körper aus. Die Seele inkarniert sich immer wieder bis zu ihrer Vervollkommnung und Verschmelzung mit der Urquelle. Als Menschen sind wir alle auf dem Weg zurück zu unserem geistigen Ursprung, durchlaufen also eine allmähliche Reinigung und Evolution unserer Seele. Eng damit verbunden ist der Karmagedanke.

Karma beruht auf dem Glauben, dass jede von uns begangene Tat unweigerlich Konsequenzen nach sich zieht, das ewige Gesetz von Ursache und Wirkung. Wir tragen immer die Folgen unserer Gedanken, Handlungen und Worte - positiv wie negativ –, ob in diesem Leben oder im nächsten.

Reinkarnation ist eine empirische Erfahrungstatsache, die im vergangenen Jahrhundert von zahlreichen Reinkarnationsforschern und durch die Entwicklung der Rückführungstherapie bestätigt und erforscht wurde. Ob Michael Newton, Ian Stevenson, Helen Wambach, Carol Bowman, Brian Weiss und viele andere: Sie alle fanden durch ihre Arbeit Belege und Beweise, dass Reinkarnation ein reales Phänomen ist.

Die Seele begibt sich in immer neue Daseinsformen, bis sie die vollkommene Reinheit erreicht hat. Durch Wiedergeburt werden innere Lasten als physische Gelegenheit verarbeitet, Ursache und Wirkung in der irdischen Welt zu erfahren. Das Wissen um die Reinkarnation steht am Ursprung aller Religionen. Es handelt sich dabei um die ältesten dokumentierten Glaubensgrundsätze der Menschheit. Das inkludiert den Glauben an eine ewige unsterbliche Seele sowie das Eingebundensein in einen göttlichen Plan.

Im alten Ägypten, in Griechenland, bei den Buddhisten und Hindus wurde bzw. wird die Seele als präexistentes Wesen betrachtet, das sich immer wieder neu inkarniert und nach dem Tod in einer astralen Form weiterexistiert. Dieses sogenannte Leben zwischen den Leben, also der Aufenthalt im Jenseits, wurde in jüngster Zeit von zahlreichen Rückführungstherapeuten genauestens beschrieben. Die Schilderungen ihrer Patienten ähneln denen von Nahtoderfahrungen. Dazu später aber mehr.

Die Vorstellungen vom Ursprung der Seele mögen in den verschiedenen Religionen unterschiedlich sein, doch keine Religion ist ohne den Glauben, dass die Seele als Teil des Menschen existiert und unsterblich ist. Milliarden Menschen auf der ganzen Welt glauben an die Wiedergeburt, doch irgendwo zwischen dem jüdischen Glauben und dem Christentum verbannte die westliche Welt das uralte Konzept der Reinkarnation. In Wahrheit kann keine Seele je verloren gehen, da sie unvergänglich und unsterblich ist. Die Seele zieht sich beim Tod aus dem Sichtbaren zurück, um später wiederzukehren.

Schon die alten griechischen Philosophen wie Pythagoras, Plato und viele andere erklärten alles Unglück im Leben, Krankheiten, Missbildungen oder Ungerechtigkeiten damit, dass jede Daseinsform des Lebens eine Konsequenz aus früheren Leben ist. Alles geschieht aus einem bestimmten Grund: Leiden, Glück, Verzweiflung oder Freude sind ein Ausdruck der kosmischen Gerechtigkeit des Karmagesetzes. Alles, was uns im Leben widerfährt, hat einen tieferen Sinn, das Gute wie das Schlechte. Wir als Menschen haben in jedem Augenblick unseres Lebens die Möglichkeit, Kraft des freien Willens alte Muster aufzulösen und Veränderungen herbeizuführen und persönliches Karma auszugleichen.

Wiedergeburt bedeutet, dass wir das Produkt unserer früheren Erdenleben sind und gleichzeitig die geistigen Erfahrungen im Leben zwischen den Leben in unserer Seele tragen. Das menschliche Sein unterliegt dem Karmagesetz von Ursache und Wirkung, wodurch Kräfte aus der Vergangenheit gegenwärtige Gefühle und Verhaltensweisen beeinflussen. Speziell ausgebildete Rückführungstherapeuten auf der ganzen Welt führen Menschen nicht nur in frühere Leben zurück, sondern auch in das Leben zwischen den Leben. Reinkarnation bedeutet, dass die Seele nach dem Tod in einem neuen Körper auf die Erde zurückkehrt.

Auf Basis der Forschungsergebnisse lässt sich die Aussage treffen, dass sinnvolle Antworten auf die wesentlichen Fragen unserer Existenz auf Erden nicht mit der Vorstellung eines einzigen Lebens erklärt werden können. Die Lehre von der Reinkarnation bietet weitaus tiefere Sinnzusammenhänge. Dem Menschen ist von seinem Schöpfer der freie Wille anvertraut worden – als einzigem Lebewesen. Dies wird dadurch ausgeglichen, dass der Mensch durch das geistige Gesetz der Polarität gutes oder schlechtes Karma anhäufen kann.

Wir selbst entscheiden durch den freien Willen, wie wir auf schwierige Situationen reagieren: liebevoll oder mit Angst. Wir sind alle aufgerufen, eigenverantwortlich mit der Schöpfung und mit allen Lebewesen umzugehen. Wir haben die Wahl, verantwortlich zu leben oder einen gegenteiligen Weg einzuschlagen, was sich am derzeitigen Zustand unserer Welt sehr gut erkennen lässt.

Reinkarnation, die Wiedergeburt der Seele über viele Leben hinweg, ist der Entwicklungs- und Reifungsprozess des Geistes mit dem Ziel, eins zu werden mit Gott. Wer das erkennt, dem wird verständlich, dass die Seele in den Zeiträumen zwischen den Inkarnationen weiter existiert und sich in der jenseitigen Welt weiterentwickelt, bis sie sich für eine neue Inkarnation entscheidet. Geist und Seele sind nicht an den physischen Körper gebunden und daher unsterblich. Genau das haben zahlreiche Rückführungstherapeuten in den letzten 50 Jahren nachgewiesen, ebenso wie dieses Wissen auch durch die Nahtoderfahrungen immer wieder bestätigt wurde und wird.

Karma, das Gesetz von Ursache und Wirkung

Karma bedeutet so viel wie „Wirken" oder „Tat", und geht auf den Sanskritbegriff „Karman" zurück. Das Gesetz von Ursache und Wirkung ist universeller Natur, wobei jede Handlung – geistig oder physisch – unweigerlich eine Konsequenz, eine Folge nach sich zieht. Dabei muss die Auswirkung nicht unbedingt in diesem Leben eine Folge nach sich ziehen, sondern möglicherweise in einem zukünftigen Leben. Insofern sind Karma und Reinkarnation eng miteinander verbunden.

Es geht nicht um Schuld und Strafe für begangene Handlungen, stattdessen ist Karma die Manifestation von Ursache und Wirkung. Das bedeutet, dass alles, was von einer Person ausgegangen ist, zu ihr zurückkehrt – im Guten wie im Schlechten. In der Bibel finden wir den Spruch: „Was Du saest, das wirst du ernten". Das Karmagesetz ist sozusagen neutral, und seine Auswirkungen sollten niemals als Strafe Gottes angesehen werden.

Karma ist kein kosmisches Schuldenkonto, sondern nichts anderes als eine unausgeglichene Energie. Dem Karmagesetz ist jeder Mensch unterworfen. Es schafft Ausgleich für Verblendung, Angst, Hass und Gewalt. Der Wirkung jedes Gedankens, jedes Wortes, jeder Tat, jedes Gefühls liegt eine Ursache zugrunde. Gleiches erzeugt Gleiches: Aktion – Reaktion.

Als menschliches Wesen sind wir Schöpfer und überwinden das Schicksal durch Eigenverantwortung. Es gibt keine Schuld, keine Sünde, noch irgendeinen Zufall, sondern nur Ursache und Wirkung. Wer das für sich erkennt, kann sich Karma, selbst wenn es sich über viele Jahrhunderte und Inkarnationen erstreckt, bewusst machen und auflösen, was kein einfaches Unterfangen ist. Im irdischen Leben geht es um seelisches Gleichgewicht und Ausgleich.

Karmisch bedingte Herausforderungen, denen die Seele gegenübersteht und die sie selbst geplant hat, können durch den bewussten Einsatz des freien Willens überwunden werden. Selbst schwierigste Emotionen können mit Verständnis und Mitgefühl statt Angst und Widerstand geheilt werden. Karma löst sich dann auf, wenn die Ursachen eines ursprünglichen Ungleichgewichts geklärt sind, also die zugrundliegende Angst oder der falsche Glaube.

Karma ist mehr als Belohnung oder Bestrafung. Reinkarnation dient der Evolution der Seele, der Erweiterung des Bewusstseins bis hin zu der Erkenntnis, ein ewiges, geistiges, unsterbliches Wesen zu sein. Als Menschen haben wir Anteil an der Evolution der Seele. Durch wiederholte Erdenleben und auf der Suche nach neuen, voranbringenden Erfahrungen stellen wir uns dem alten Karma. Alle Herausforderungen sind eine Chance, Karma aufzulösen.

Karma ist also kein auferlegtes Schicksal, sondern die Voraussetzung für eine selbstbestimmte, eigenverantwortliche Gestaltung des Lebens durch die Anwendung des freien Willens. Unser derzeitiger Bewusstseinszustand ist ein Resultat aus früheren Leben wie auch aus den Reaktionen auf jetzige Lebensumstände.

Das Karmagesetz wird auch durch die sogenannte goldene Regel zum Ausdruck gebracht: „Was Du nicht willst, das man Dir tu', das füg auch keinem andern zu." Dies gilt in allen Religionen als vernünftiger Leitfaden für ein erfülltes Leben. Freundlichkeit, Liebe, Achtsamkeit und Mitgefühl sind die Antworten auf die Herausforderungen des Lebens und vermögen Karma auszugleichen. Immer wieder werden wir mit dem Kern unseres Seelenplans konfrontiert. Wir sind hier, um unser Bewusstsein zu erweitern, das Urteilen aufzugeben, um Mitgefühl für uns selbst und andere zu entwickeln

Auf der irdischen Ebene stehen die Herausforderungen im Widerspruch persönlicher Hoffnungen und Erwartungen. Sie erzeugen im Gegenteil Angst, Verwirrung, Widerstand oder Hilflosigkeit. Jedoch werden wir uns dadurch der Ängste bewusst, die wir mit hierher gebracht haben und die aufgelöst werden wollen. Es geht immer um die Frage, wie wir auf emotionale Herausforderungen reagieren, zum Beispiel sich betrogen fühlen, verlassen zu werden, allein gelassen zu werden. Je mehr wir dem ungelösten Ballast früherer Leben bewusst ins Auge blicken und mit Mitgefühl auf die alten Emotionen reagieren, desto besser können wir unser seelisches Gleichgewicht wieder herstellen.

Zum Abschluss dieses Kapitels nun noch die wichtigsten Karmagrundsätze zusammengefasst:

Alles Handeln und Denken bewirkt Karma und führt zu Verstrickungen in der Welt. Alle Handlungen sind Energien, die auf uns zurückfallen (Resonanzgesetz). Bei allem Tun behält der Mensch seinen freien Willen. Deswegen ist jeder für sein Karma selbst verantwortlich. Karma ist die Bezeichnung für ein Ungleichgewicht, das ausgeglichen werden muss. Energetisch erzeugtes Ungleichgewicht bewirkt eine energetische Spannung, die zum Ausgleich drängt. Von dem höheren Seelenplan kommt genau das auf uns zu, was wir zur Entwicklung der Seele benötigen. Wir wachsen an unseren leidvollen Erfahrungen.

Das alles steht im Kontext der Erkenntnis, dass auf dieser Welt nichts von Dauer ist, da sich jede Situation und jeder Zustand wieder auflöst, wir also ständigen Veränderungen unterworfen sind, die Leid erzeugen. In der polaren Welt ist der Mensch der Vergänglichkeit preisgegeben.

Jana Haas beschreibt den Karmabegriff wie folgt:

> *„Karma sind die nicht losgelassenen Emotionen aus den gemachten Erfahrungen aus früheren Leben. Diese sind deshalb noch nicht gelöst, weil der Mensch daraus noch etwas lernen kann, was seiner Entwicklung dient. Probleme in diesem Leben können zwar, müssen aber nicht zwingend, ihre emotionale Ursache in früheren Leben haben. Eine Auflösung hängt von der unbewussten Bereitschaft des Menschen ab. Oftmals braucht der Mensch zunächst noch weitere Erfahrungen, bis er auf diese Emotionen nicht mehr in Resonanz geht. So können sich durchaus auch in dieser Inkarnation durch die Beeinflussung aus dem Karma heraus gewisse Ereignisse, Neigungen, Begegnungen und Wendungen im Schicksal ergeben."* [59]

Das Leben zwischen den Leben

Michael Newton entwickelte die Spirituelle Rückführung, eine revolutionäre, höchst wirkungsvolle Methode, um Klienten in tiefer Trance nicht nur in frühere Leben zurückzuführen, sondern sie auch in das Seelenreich zwischen den Leben zu führen. In unzähligen Sitzungen zeichnete Newton in mehr als vierzig Jahren eine umfassende Landkarte der geistigen Welt auf, wo sich unsere Seelen nach dem Tod und vor einer neuen Inkarnation aufhalten. Jedes unserer Leben wird von uns selbst geplant, unterstützt von freundlichen Geistwesen, die uns lieben und uns helfen wollen. Durch seine Erkundung des Zwischenlebens wurde Newton zu einem der bedeutendsten Pioniere der Erforschung des Lebens nach dem Tod.

Er gründete das Michael Newton Institut und bildete bis kurz vor seinem Tod am 22. September 2016 unermüdlich Therapeuten auf der ganzen Welt aus, die seine Arbeit bis heute fortsetzen. Die Erforschung des Lebens in der geistigen Welt besticht durch erstaunliche Übereinstimmungen weltweit und ähnelt den Berichten von Nahtoderfahrenen. Das Überbewusstsein ist der geistige Bereich, in dem alle Erinnerungen der Seele gespeichert sind. Das Seelenbewusstsein dehnt sich über jede Raum-Zeit-Begrenzungen aus.

Die spirituelle Rückführungstherapie

Die Spirituelle Rückführung ist eine Hypnotherapie, bei der ein Klient zunächst in frühere Leben geführt wird und von dort aus in eine Sterbeerfahrung. Durch die Hypnose taucht die Todeserfahrung vor dem geistigen Auge des Patienten auf. Newton forderte seine Klienten auf, sich weiter ins Jenseits hineinzubewegen. In tiefer Trance erfahren wir uns als unsterbliche Seele und besuchen die geistige Welt. Michael Newton schreibt in seinem Buch „Die Reisen der Seele" über seinen revolutionären Ansatz:

„Man kann sich den menschlichen Geist als drei konzentrische Kreise vorstellen. Die erste, äußerste Schicht, entspricht dem Bewussten, das uns kritisches analytisches Denken ermöglicht. Die zweite Schicht ist das Unterbewusste, wohin wir bei der Hypnose zuerst gelangen und wo alle Erinnerungen an Ereignisse aus diesem und allen früheren Leben gespeichert sind. Die dritte, innerste Lage oder der Kern besteht aus dem,

was wir nun das Überbewusste oder höhere Bewusstsein nennen. Diese Ebene stellt den höchsten Kern des Selbst dar, wo wir dem Ausdruck einer höheren Macht dienen. Das Überbewusste beherbergt unsere wirkliche Identität, die durch das Unterbewusste und die darin enthaltenden Erinnerungen an all die vielen Alter Egos, die wir mit unseren verschiedenen Körpern angenommen haben, erweitert wird. Vielleicht ist das Überbewusste gar keine Ebene, sondern die Seele selbst. Das Überbewusste stellt das Zentrum unserer höchsten Weisheit und Weitsichtigkeit dar, und alle meine Informationen über das Leben nach dem Tod kommen aus dieser Quelle intelligenter Energie.“ [60]

Gregory kommentierte die Aussagen von Dr. Newton aus seiner geistigen Sicht und geht in seinen Ausführungen weit über Newton hinaus:

„Der menschliche Geist besteht aus drei Schichten, die sich gleichzeitig und gegenseitig durchdringen. Zum einen lebt Ihr im Alltagsbewusstsein, getragen vom Verstand und den Wahrnehmungen, die Eure fünf Sinne ermöglichen, als Ausdruck der irdischen Ich-Persönlichkeit. Die zweite Schicht ist das Unterbewusstsein, in dem all Eure Erfahrungen, Gedanken und Worte gespeichert sind, wie auch die Essenz aller früheren Persönlichkeiten aus anderen Erdenleben. Viele Menschen haben keinen bewussten Zugang dazu, obwohl hier auch der Seelenplan des jetzigen Lebens liegt, also was Ihr Euch in der geistigen Welt vorgenommen habt, welche Erfahrungen und Herausforderungen Ihr als Karmaausgleich bestehen wollt. Letztlich ist das Unterbewusstsein der Sitz der inneren Stimme (Intuition) und der Seele, die ins Überbewusstsein ragt. Die dritte Lage des menschlichen Geistes geht weit über die irdische Persönlichkeit hinaus. In diesem Überbewusstsein manifestiert sich der EINE GEIST des Alles, was ist, die göttliche Quelle allen Seins, aus der Ihr gekommen seid und in die Ihr nach dem Leben zurückkehrt. Hier sind alle Informationen Eurer wahren, ewigen Seelenidentität gespeichert.

In diesem Energiefeld, das auch als „Buch des Lebens" oder Akasha-Chronik bezeichnet wird, befinden sich sämtliche Aufzeichnungen von allen menschlichen und nichtmenschlichen Wesen, die jemals existiert haben. Es enthält das gesamte Spektrum der Erfahrungswirklichkeit in dem EINEN GEIST des Höchsten.

Keine Seele kann jemals verlorengehen, da sie immer Bestandteil der alles durchdringenden Liebe ihres Schöpfers bleibt. In diesem Energiefeld lassen sich sogar Seelenplanungssitzungen früherer Leben abrufen. Diese Gleichzeitigkeit allen Seins ist für einen Menschen kaum vorstellbar, zumal es sich um energetische Aufzeichnungen aller jemals existierenden Seelen handelt, unabhängig von der irdischen Persönlichkeit.

Da aber ein Teil der Seelenenergie eines Menschen in der geistigen Welt zurückbleibt, kann die Seele jederzeit auf die gespeicherten Informationen im göttlichen Energiefeld zurückgreifen, auch, wenn sie sich wieder inkarniert hat.

Die Seele ist nicht an den jeweiligen Körper gebunden, da sie gleichzeitig bewusster Teil des Überbewusstseins ist. Insofern kann sie sich durch das Unterbewusstsein in Form der Intuition, der inneren Stimme, bemerkbar machen – sofern ein Mensch denn darum bemüht ist, mit seiner Seele in Kontakt zu treten. Dann wird er die Erfahrung machen, dass jeder einen Seelengefährten in sich trägt, was manche auch als Dual bezeichnen.

Es ist diese Ergänzung, die Euch ganz und heil werden lässt. Seelengefährten begleiten sich durch viele Leben – auf geistiger Ebene oder im Erdenleben. Das ist völlig geschlechtsunabhängig, sondern eine Verschmelzung von Seelenenergien der reinen, unbedingten Liebe. Die Bewusstwerdung führt in das Erwachen der wahren Wirklichkeit der Liebe, die Ihr seid und die nur über das Fühlen erlebt werden kann. Das ist das, was Gregory für Dich ist und Du für ihn, always!

Ein Seelengefährte, manchmal auch mehrere geistige Begleiter, können zu jeder Zeit Eures Erdenlebens in Erscheinung treten, auch in späteren Jahren, wenn es im Lebensplan eingeschrieben ist. Es gibt keinen Zufall.

Bewusstsein, Unterbewusstsein und Überbewusstsein bilden eine Einheit, die in den Geist Gottes münden, in dem alles eins ist."

In der von Michael Newton entwickelten Spirituellen Rückführungstherapie berichtet er von einem Mann, der seine Sterbeszene eines vergangenen Lebens wiedererlebte. Er schreibt:

„Ich bin nicht wirklich tot – nicht wahr? Ich meine, mein Körper ist tot – ich sehe ihn unter mir – aber ich schwebe. Ich kann hinunter blicken und sehe meinen Körper ausgestreckt im Spitalbett liegen .... Es ist seltsam, denn mein Körper ist absolut tot, während ich mich von oben um ihn herum bewege. Ich lebe!" [61]

In den Nahtoderfahrungen wird dieses Schweben über dem Körper auf dieselbe Art und Weise beschrieben. Es ist der erste Eindruck der Seele nach dem Verlassen des Körpers. Die Seelen, die gestorben sind, haben oft wenig Interesse daran, was mit ihren Körpern geschieht, da sie die Endgültigkeit des Todes erkennen.

Sie begeben sich auf den Weg in die geistige Welt und erfassen, dass etwas Universelles auf sie wartet. Auch bei Sterbenden zeigt sich immer wieder, dass sich die meisten am Ende des Sterbeprozesses leicht vom Körper lösen können, da sie Zugang zu höherem Bewusstsein erlangt haben.

In den Rückführungsprotokollen wird ebenfalls vom Tunneleffekt als Tor und Übergang in die geistige Welt gesprochen.

Eine Frau beschreibt das wie folgt:

„Ich spüre ein Ziehen, ein sanftes Ziehen, ich soll wohl durch diesen Tunnel gleiten, und das tue ich auch. Es ist nun eher grau als dunkel, weil der helle Kreis vor mir immer größer wird .... Der Lichtkreis wird sehr groß, und ich bin nun aus dem Tunnel heraus. Das ist eine wolkige Helligkeit, ein Lichtnebel .... Ich fühle Gedanken der Liebe, Kameradschaft, Mitgefühl, und alles ist kombiniert mit Erwartung, als ob andere auf mich warten würden.“ [62]

Auch wenn manche beim Durchgang durch den Tunnel zunächst irritiert sind, so zeigen sich die ersten Eindrücke der geistigen Welt dennoch durch ein Gefühl des Wohlbefindens und des Friedens. Die Anpassungszeit ist für jede Seele unterschiedlich. Manche sehen das Licht oder Farben, hören Töne oder haben Visionen. Andere erleben telepathische Kommunikation mit Lichtwesen. Unser Seelenführer, der uns schon während des Lebens begleitet oder verstorbene Verwandte begrüßen uns. Das alles ist begleitet von Gefühlen bedingungsloser Liebe, von Freude und Frieden. Auch unsere Seelengruppe, zu der wir gehören, erwartet uns.

Ein Teil der Seelenenergie verbleibt immer in der geistigen Welt. Daher können wir uns auch nach dem Tod mit anderen

Gruppenmitgliedern verbinden, selbst wenn diese wieder inkarniert sind. Die Seele ist reine Energie oder Energiemasse. Viele fragen sich sicherlich, wie sie ihren Geistführer oder vorangegangene Familienmitglieder oder Freunde denn erkennen können.

Eine Seelenenergie nichtorganischer Natur kann menschliche Züge annehmen, wie auch göttliche Wesen sich manifestieren können, wenn es den Erwartungen oder Bildern entspricht, die manche haben. Das dient dazu, Angst abzubauen. Seelen haben die Fähigkeit, Gestalten aus früheren Leben zu projizieren. Die Projektion einer menschlichen Lebensform ist nur eine von vielen Möglichkeiten von Erscheinungsformen, die Seelen aus ihrer Energiesubstanz annehmen können. Das wird auch als Energietransformation bezeichnet. Daneben besitzt jede Seelenidentität eine individuell gefärbte Ausstrahlung, die Aura.

Wiederbegegnung mit Verstorbenen

Hier nun ein paar Beispiele für Wiederbegegnungen mit Verstorbenen aus den Newtons Berichten. In den Rückführungsprotokollen zeigen sich viele Gemeinsamkeiten und Ähnlichkeiten.

Eine Frau berichtet von einer Wiederbegegnung mit ihrem Onkel Charly, der ihr der Liebste all ihrer Verwandten war.

„‚Er lächelt und streckt seine Hand nach mir aus.‘ Dr. Newton: ‚Heißt das, er hat eine Art Körper mit Händen?‘ Sie antwortet: ‚Nun, ja und nein. Ich schwebe herum und er auch. Es ist in meinen Gedanken. Er zeigt sich mir ganz, und was mir am meisten bewusst ist, ist seine Hand, die er nach mir ausstreckt. Um mich zu trösten, mich zu führen, weiter ins Licht hinein.‘ Er bringt sie dahin, wo sie hingehen soll. Die Klientin ist erstaunt. ‚Da sind andere Menschen und sie sehen freundlich aus, wenn ich mich nähere. Sie scheinen zu

wollen, dass ich zu ihnen komme.... Tatsächlich, ich sehe, dass ich früher schon mit ihnen zusammen war.' Ihr Onkel entfernt sich von ihr, und die Klientin erkennt: ‚... er gehört zu einem anderen Ort als ich. Er kam nur, um mich zu empfangen, um mich hierherzubringen. [63] *Ich beginne, sie zu erkennen. Sie senden Bilder in mein Bewusstsein ..., die Formen verändern sich zu Leuten. Das ist er. Ich denke ..., es ist Larry. Er steht vor allen anderen. Er ist der Erste, den ich wirklich sehe. Jetzt weiß ich, dass die, die ich am liebsten sehen möchte, vorne stehen. Einige andere Freunde sind im Hintergrund.'"* [64]

Die Frau begegnete in ihrer Rückführung verschiedenen Ehemännern aus früheren Leben, doch ihr war gewiss, dass es sich bei den unterschiedlichen Persönlichkeiten immer um denselben Seelengefährten handelte. Es ist ungemein tröstlich für eine ankommende Seele, vertraute Gesichter zu sehen. Es steht immer ein Empfangskomitee bereit.

Jules begegnete während einer NTE ihrer Großmutter, die starb, als sie fünf Jahre alt war.

„Da stand sie also, so real wie nur etwas, keine Geistererscheinung, sondern real und greifbar. Sie stand ganz ruhig da, völlig lebendig, wohlauf, echt, gut aussehend und von strahlender Gesundheit. Sie schenkte mir ein warmes, liebevolles Lächeln, und ich spürte, wie sie mich umarmte. Obwohl sie mich überhaupt nicht berührte, konnte ich spüren, wie sie ihre Arme um mich schlang, und ich empfand eine riesige Welle der Liebe .... So eine tiefe Ruhe und Frieden .... Meine Oma

sprach mit mir, ihre Stimme war deutlich und lebendig. Obwohl sich ihr Mund nicht bewegte, hatte ich den Eindruck, dass sie direkt zu meinem Geist sprach, als gäbe es keine gesprochenen Worte, und doch konnte ich deutlich verstehen, was sie sagte.“ [65]

In dieser Nahtoderfahrung projiziert die Oma ein lebensechtes Bild ihrer früheren Form. Die Kommunikation zwischen ihr und ihrer Enkelin ist telepathischer Natur. Es handelt sich um eine eindeutige Energietransformation mit dem Zweck, Jules in ihren Körper zurückzuschicken. Jules erlebt, wie es sehr häufig sowohl in der Spirituellen Rückführung als auch in den NTEs beschrieben wird, eine energetische Verschmelzung mit ihrer Oma, die Liebe, Frieden und Glück auslöste. Dass wir geliebte Verstorbene aus diesem oder früheren Leben wiedersehen werden, unserem Seelenführer begegnen und dem Seelengefährten, der uns schon durch verschiedene Leben begleitet hat, steht für mich außer Frage. Erst, wenn wir in das Überbewusstsein außerhalb des Körpers eintreten, werden wir die Gesamtzusammenhänge unserer wahren seelischen Identität erfassen.

Nachdem wir begrüßt worden sind, sind wir bereit für den Übergang an einen Ort der Heilung. Die Seele orientiert sich in der geistigen Welt, um sich auf die neue Umgebung einzustellen. Die Seele gelangt in eine Ebene reiner Energie.

Ein Klient von Dr. Newton beschreibt seine Erfahrung:

„Ich schwebe im Licht. Es durchdringt meine Seele und wäscht die meisten negativen Viren heraus. Es ermöglicht mir, die Fesseln meines letzten Lebens fallenzulassen, was zu meiner Transformation führt, sodass ich wieder ganz werden kann.“ [66]

Höhere geistige Berater unterstützen den Reinigungsprozess, der emotionale Befreiung und Wiederanpassung an die geistige Welt ermöglicht. Dann finden Beratungsgespräche mit den Geistführern statt, die den Heilungsprozess voranbringen.

Daran schließt sich die Phase der Erinnerung, eine Lebensrückschau auf das gerade abgeschlossene Leben, an, wobei in der geistigen Welt im erweiterten Bewusstsein auch frühere Leben eingesehen werden können. Anschließend kehrt die Seele in die Ebene ihrer Gruppenseele, aus der sie sich inkarniert hat, und in der sie sich weiterentwickeln kann, zurück. Irgendwann kann sie sich dann entscheiden, wiedergeboren zu werden oder in eine andere geistige Entwicklungsstufe überzugehen.

Das Leben zwischen den Leben ist eine Zeit der Erneuerung, in der jeglicher Schmerz endet. Dieser Prozess untersteht dem Gesetz fortwährenden Lernens und ständiger Entwicklung. Das Seelenbewusstsein besteht in alle Ewigkeit. Sinn und Zweck der Entwicklung ist es, Gott ähnlich zu werden und sich mit ihm zu verschmelzen. Die Rückschau auf das eigene Leben ist ein Prozess, der von jeder Seele durchschritten wird. In der Gegenwart von liebenden Lichtwesen werden wir nicht nur mit unserem Leben konfrontiert, sondern erkennen nun die Auswirkungen unserer Gedanken, Worte und Taten auf das Menschheitskollektiv.

Joel L. Whitton, ein ehemaliger Professor für Psychiatrie, erforschte in den 1980er-Jahren das Leben zwischen den Leben. Er schreibt über die Lebensrückschau eines Klienten:

„Das Gesamtbild seines Lebens stellt sich in allen Einzelheiten so deutlich dar, dass die Seele zum ersten Mal bewusst wird, wann sie ein auf sie wartendes Glück fortgeworfen, wann sie durch Gedankenlosigkeit anderen wehgetan hat oder wann sie in unmittelbare Lebensgefahr geraten ist.“ [67]

Wir erkennen die Bedeutung jedes noch so unwichtig erscheinenden Ereignisses. Niemand wird verurteilt oder bestraft. Selbst emotionale Schmerzen werden von den Geistführern gedämpft. Die Rückschau ist ein Prozess der Selbsterkenntnis. Die Seele weiß nun durch ein objektives Verständnis ihres Verhaltens im Rahmen zahlreicher Inkarnationen, wo sie sich in ihrem spirituellen Evolutionsprozess befindet und welche Themen sie in einem künftigen Leben noch zu bereinigen hat. Die Phase der Erinnerung ist die Voraussetzung jeglicher Weiterentwicklung und ausschlaggebend für den Planungsprozess eines neuen Lebens.

Grundlegende Erkenntnisse der Reinkarnationsforschung

Es gibt heute viele Indizien, die belegen, dass Reinkarnation mehr als nur ein blinder Glaube ist. Die Lehre von der Wiedergeburt vermittelt einen tieferen Sinn des Lebens: Nichts geschieht zufällig. Das universelle Gesetz von Ursache und Wirkung (Karma) ist sinnstiftend. Es gibt eine gewisse Gerechtigkeit, da die Evolution der Seele durch verschiedene Inkarnationen einen Ausgleich schafft. Die Welt ist eine Schule, in der man Lektionen lernen kann, um geistig und seelisch voranzuschreiten. Eng verbunden mit der Reinkarnationslehre ist das Wissen um ein Leben nach dem Tod.

Seit den frühen 1960er-Jahren erforschte Ian Stevenson die Erinnerungen von Kindern an frühere Leben. Ihm ist es zu verdanken, dass aus einer bloßen Vorstellung das Phänomen der Reinkarnation verifiziert werden konnte. Der amerikanische Forscher leitete viele Jahre die Abteilung für Psychiatrie an der Universität von Virginia. Er sammelte über einen Zeitraum von über 40 Jahren hauptsächlich Berichte von Kindern aus aller Welt, die sich an frühere Leben erinnerten. Seine umfangreichen Dokumentationen der Fälle veröffentlichte Stevenson in mehreren

Büchern. Sie gelten heute als objektives wissenschaftliches Beweismaterial, dass Reinkarnation real ist.

Stevenson sichtete, sortierte und prüfte die wesentlichen Fälle selbst vor Ort. Er befragte Zeugen, verglich Orts- und Personenangaben und studierte das soziale Umfeld. Besonders in seinem Buch „Reinkarnationsbeweise" dokumentierte er zahlreiche Fälle von Geburtsnarben und Muttermalen, die aufzeigen, dass die menschliche Individualität mehr als einmal in eine physische Form eintritt. Stevenson schreibt:

„Die Fälle von Kindern, die behaupten, sich an ein früheres Leben zu erinnern, weisen vier so regelmäßig erscheinende Charakteristika auf, dass ich sie als universal bezeichnen möchte. Die Merkmale sind: das frühe Alter, in dem die Kinder über das vergangene Leben sprechen (im Alter zwischen zwei und vier Jahren), das spätere Alter, in dem sie aufhören, darüber zu reden (gewöhnlich zwischen fünf und acht Jahren), der hohe Anteil gewaltsamer Todesarten in den früheren Leben und die häufige Erwähnung der Todesart." [68]

In Bezug auf die Muttermale oder Geburtsnarben eines Kindes, das sich an ein früheres Leben erinnerte, versuchten Stevenson und sein Forschungsteam medizinische Unterlagen oder die Todesurkunde zu erlangen. Diese schriftliche Bestätigung belegte den Zusammenhang zwischen Verletzung und Geburtsmalen des Kindes. Seine Untersuchungen zeigen, dass kleine Kinder über Erinnerungen und Gefühle verfügen, die von einer früheren Persönlichkeit in einem vorherigen Leben stammen.

Dazu ein paar kurze zusammengefasste Beispiele:

„Ein indischer Junge erinnerte sich, in einem früheren Leben von einer Schrotladung in die Brust getötet worden zu sein. Auf der Brust dieses Jungen gab es eine Reihe von Muttermalen, die verifiziert wurden anhand des Autopsieberichtes. Diese entsprachen genau der Anordnung der tödlichen Wunden. Die angeborenen körperlichen Missbildungen befanden sich an der Stelle von Verletzungen im früheren Leben."

„Eine Frau hatte drei gerade narbenartige Muttermale auf dem Rücken. Als Kind erinnerte sie sich an das Leben einer Frau, die durch drei Axthiebe in den Rücken getötet worden war." [69]

Ian Stevenson veröffentlichte über 3000 akribisch recherchierte Falldokumentationen. Er starb 2007.

Heute setzt Prof. Jim B. Tucker das Werk des Begründers der Reinkarnationsforschung fort. 2014 veröffentlichte er das viel beachtete Buch „Kinder erinnern sich. Dem faszinierenden Phänomen der Wiedergeburt auf der Spur". Tuckers Veröffentlichungen fußen auf einem großen Ganzen, in dem der Geist des Menschen eingebettet ist in das allumfassende Bewusstsein des EINEN GEISTES.

Er schreibt:

„Unterhalb der Oberfläche unseres individuellen Daseins wären wir demnach Teil jenes endlosen Bewusstseins, dass ich versucht bin als Geist Gottes zu

bezeichnen .... Jenes unendliche Reich des Bewusstseins, aus dem alle Gedanken und Gefühle, Ereignisse und Welten von der Entstehung eines Planeten bis zum verblassenden Glühen eines sterbenden Sterns, vom ersten Atemzug eines Neugeborenen bis zum letzten Seufzer eines langen, erfüllten Lebens hervorgehen, jene höchste Quelle aller Existenz." [70]

Tucker fand durch seine Forschungen heraus, dass Bewusstsein über Lebensspannen hinweg andauert und dass Erfahrungen, selbst wenn sie viele Jahre voneinander getrennt sind, dennoch verbunden und ineinander verflochten sein können. Das bedeutet nichts anderes, als dass es eine Existenz nach dem Tod geben muss. Bewusstsein ist unsterblich: Alles Sein geht aus dem Bewusstsein des EINEN GEISTES hervor.

Rückführungen

Heute wird Wissen über frühere Leben, das Jenseits und den Seelenplan von zahlreichen Rückführungstherapeuten auf der ganzen Welt offenbart. Das ermöglicht uns einen Blick in eine multidimensionale Wirklichkeit. Wir alle haben denselben göttlichen Ursprung, und dieser liegt in der allgegenwärtigen Energie der Liebe, einem formlosen Überbewusstsein, das alles und jeden durchdringt. In den Rückführungen werden Klienten nicht nur in frühere Leben zurückgeführt, sondern auch in das Leben zwischen den Leben, das, was wir als Jenseits oder geistige Welt bezeichnen.

Das setzt voraus, dass Menschen durch ein Todeserlebnis in einem früheren Leben geführt werden. Der Moment des Todes und das, was nach dem Verlassen des Körpers geschieht, werden klar und deutlich erlebt. Dabei weisen die Klienten kaum negative Gefühle auf. Das Sterben wird ohne Angst und frei von Trauer erlebt.

Dieses Hinübergehen ist verbunden mit einem erweiterten Bewusstsein: Sie sehen das Leben, das sie gerade verlassen haben, und die Dinge, die sie von Leben zu Leben mit sich tragen, aus der Sicht der ewigen Seele. Genau das ist der Eintritt ins Überbewusstsein. Wir sind befreit von allen körperlichen Zwängen und dieser Moment beinhaltet das Gefühl, eins zu sein mit dem Universum. Wie in den Nahtoderfahrungen sprechen die Klienten von einer absoluten, von Liebe durchdrungenen Wirklichkeit. Dieses Erleben ist verbunden mit tiefer Selbsterkenntnis.

Joel L. Whitton schreibt:

„Durch das Überbewusstsein erfuhren diese Personen, warum sie in die Lebensumstände der gegenwärtigen Inkarnation geraten sind. Darüber hinaus erkannten sie, dass sie sich selbst im körperlosen Zustand für den äußeren Rahmen und das Beziehungsgeflecht ihrer irdischen Existenz entschieden hatten. Sie sahen, dass sie sich schon vor der Geburt ihre Eltern, ihren Beruf, ihre Beziehungen zu anderen Menschen und bestimmte entscheidende Ereignisse ausgesucht hatten, die in dieser Inkarnation Anlass zu freudigen und schmerzhaften Erfahrungen geworden waren.“ [71]

Eine Patientin von Dr. Whitton beschreibt ihre Sterbeerfahrung in der Trance:

„Nachdem ich in der Trance den Vorgang des Sterbens erlebt habe, ergreift mich das Gefühl einer entscheidenden physischen Veränderung. Mein Körper dehnt sich aus und erfüllt den ganzen Raum, dann

werde ich von euphorischen Gefühlen überflutet, wie ich sie noch nie erlebt habe. Die Gefühle werden begleitet von einer totalen Wahrnehmung und einem uneingeschränkten Verständnis dessen, was ich wirklich bin. Ich begreife den Grund für mein Dasein und weiß, welchen Platz im Universum ich einnehme. Alles hat einen Sinn, alles ist vollkommen gerecht. Es ist wunderbar zu wissen, dass alles von der Liebe beherrscht wird.“ [72]

Rückführungstherapeuten betonen, dass die Erfahrung des Eintritts in die geistige Welt unter Hypnose die Quelle für die am tiefsten gehenden Offenbarungen und Heilungen ist. Patienten, die durch ein Todeserlebnis geführt wurden, verwenden in ihren Beschreibungen ähnliche Bilder, Metaphern oder Schilderungen wie Menschen mit einer NTE. Die auffälligen Ähnlichkeiten sind erstaunlich, obwohl es sich um hypnotisierte Patienten und deren Erleben ihres Übergangs in die geistige Welt in einem früheren Leben handelt.

In seiner Fallstudie „Die zahlreichen Leben der Seele“ beschreibt der Rückführungstherapeut Brian Weiss den Sinn des Übergangs in die geistige Welt:

„Wir hören nicht einfach auf, uns zu entwickeln, wir entwickeln uns weiter. Wenn wir auf der geistigen Ebene ankommen, entwickeln wir uns auch dort weiter. Wir machen verschiedene Entwicklungsstufen durch. Wenn wir ankommen, sind wir ausgebrannt. Wir müssen durch eine Erneuerungsphase. Wir beschließen, wann wir zurückkehren wollen, wohin und aus welchen Gründen. Manche wählen, nicht zurückzukehren, sie

wählen, auf eine andere Entwicklungsstufe überzugehen. Manche bleiben länger, manche weniger lang in der geistigen Welt, ehe sie zurückkehren. Alles ist Entwicklung und Lernen, fortwährendes Lernen. Es sind unsere Seele und unser Geist, die ewig bestehen.“ [73]

Wir sind ewige Wesen, ohne Anfang, ohne Ende. Das wurde von vielen Rückführungstherapeuten bestätigt, und das Wissen vom Zwischenleben in ihren hochstrukturierten Bereichen wurde von Michael Newton, Helen Wambach oder Joel L. Whitton durch zahllose Sitzungen bestätigt. Jede neue Inkarnation bietet potenzielle Möglichkeiten, Fehler aus früheren Leben auszugleichen. Somit ist Reinkarnation ein Gleichmacher: Durch den Austausch von Körpern und Lebenssituationen erhalten wir unendliche Möglichkeiten, die Perspektive durch alle möglichen Betrachtungsweisen zu wechseln. Dafür brauchen wir mehrere Lebenszeiten.

Die bekannte amerikanische Reinkarnationsforscherin Carol Bowman schreibt:

„Vergangenes Handeln zu berichtigen, seinen Charakter zu verbessern oder ein Sein mit mehr Liebe zu praktizieren, kann nur vollbracht werden, während wir in einem menschlichen Körper inkarniert sind. Der Pfad zur Erleuchtung führt über die Erde, und die Seele weiß das. Demzufolge besteht das Ziel der Lebensrückschau und des Planungsprozesses darin, eine Inkarnation auszusuchen, die das richtige Maß an Herausforderungen und Möglichkeiten zum Lernen und Wachsen bietet.“ [74]

Hier offenbart sich der ewige Plan Gottes: ein Lichtwesen zu werden im Einklang mit Gott. Dahinter steht das Verlangen der Seele nach Erleuchtung und der Sehnsucht nach der Einheit mit IHM. Im tiefsten Inneren des Menschen ist diese Sehnsucht vorprogrammiert, unabhängig davon, ob uns das bewusst ist oder nicht. Die übereinstimmenden Aussagen der Rückführungstherapeuten belegen die Existenz eines Lebens nach dem Tod, und dass wir alle unsterblich sind als ewige geistige Wesen.

Wie schon in den Heiligen Schriften auf der ganzen Welt angedeutet wird, ist Erleuchtung nur mit Hilfe von Reisen durch viele Körper möglich, damit die Reinigung der Seele erfolgen kann. Das geht aus den Planungssitzungen ebenso hervor, wie auch ein Ausgleich des Karmas erforderlich ist, um mit Gott eins zu werden. Die ewige Seelenidentität als solche wird dabei nicht ausgelöscht. In den Rückführungsprotokollen wie auch in den Nahtoderfahrungen beschreiben die Erlebenden einen erweiterten Bewusstseinszustand, in dem alles Wissen gleichzeitig zugänglich ist, und eine ehrfurchtsgebietende Liebe, die alles Sein miteinander verbindet. Sie sprechen von einer Wirklichkeit, die eigentlich unbeschreibbar ist, und die über alles hinausgeht, was wir auf der Erde zu erleben vermögen.

Eine oft gestellte Frage

Sehr häufig wird die Frage gestellt, ob die Seele eines geliebten Verstorbenen bereits inkarniert sein könnte, wenn ich selbst sterbe oder mit ihr in Kontakt treten möchte. Angehörige oder verwaiste Eltern machen sich Sorgen, die Seele später nicht anzutreffen.

Die Seele besteht aus einer Ganzheit, die weit über das jeweilige Individuum hinausgeht. Sie ist unbegrenzt, multidimensional und durch das Höhere Selbst in Kontakt mit den feinstofflichen Dimensionen. Das Höhere Selbst ist die Gesamtseele, in der alle Informationen und Aspekte aller früheren Leben enthalten sind. Wenn wir ein neues Leben planen, werden Seelenaspekte inkarniert, die der Vervollkommnung und dem Karmaausgleich dienen.

Die Gesamtseele, auch als Ursprungsseele bezeichnet, bleibt immer in der geistigen Welt. Aus dieser Seele werden Anteile herausgefiltert und zu einer neuen Menschenseele, die individueller Natur ist, zusammengefügt. Diese menschliche Persönlichkeit, dieses Ich, gibt es in dieser Form nur ein Mal. Seelenaspekte stehen aber mit der Ursprungsseele durch das Höhere Selbst ständig in Kontakt und sind im Informationsaustausch.

Nach dem Tod kehrt der Seelenanteil mit all seinen gemachten Erfahrungen in die Gesamtseele zurück. Die Seelenanteile, die den einmaligen Menschen ausgemacht haben, verschmelzen mit ihrem Ursprung. Die Essenz der persönlichen Seelenaspekte kehrt in dieser Form niemals zurück und bleibt auf ewig in der Gesamtseele. Deswegen kann die Menschenseele sehr wohl mit Angehörigen auf der Erde in Kontakt treten (Nachtodkontakte) und auch von den Hinterbliebenen oder durch Medien kontaktiert werden. Ich möchte das noch einmal präzisieren.

Wenn ich als Bernard Jakoby hier inkarniert bin, ist das als diese individuelle Persönlichkeit ein einmaliges Gastspiel auf Erden. Nach meinem Tod kehre ich mit den Erfahrungen und Herausforderungen, die ich gemeistert habe oder nicht, in meine Ursprungsseele zurück. Die Seelenanteile, die mich als Bernard ausgemacht haben, verschmelzen mit der Ganzheit der Seele, in der ich auf ewig bin und immer schon war. Beim Jenseitskontakt kann ich als Bernard sozusagen heraustreten.

Es werden also lediglich Seelenaspekte inkarniert, und daher muss keiner befürchten, dass eine Seele bereits neu inkarniert ist und nicht mehr angetroffen werden kann. In einer neuen Inkarnation werden andere neu formierte Seelenanteile aus der Gesamtseele zu einem neuen Individuum zusammengefügt. Diese neu geformte Seele trägt dann auch die Erfahrungen und Erinnerungen von Bernard in sich.

Die Ursprungsseele ist genaugenommen unsere ewige Heimat in der wahren Wirklichkeit der Liebe GOTTES. Dieses Reich haben wir nie verlassen, wir erinnern uns auf der Erde bloß nicht mehr daran, da wir uns getrennt fühlen. Nach dem Tod und der Rückkehr in die Ganzheit werden wir wiedererinnert, dass wir in

Wirklichkeit alle eins sind im Licht des EWIGEN. Als Menschen sind wir in eine vorübergehende Rolle geschlüpft, die immer wieder in eine neue Inkarnation führen kann, um dann in die Ganzheit zurückzukehren. Bei jeder Rückkehr nehmen wir uns als die Gesamtseele wahr, ein ewiges, anfangsloses, geistiges Wesen in der Einheit allen Seins. Genau das wird auch in zahllosen Nachtoderfahrungen genauso geschildert.

KAPITEL 4

DER SEELENPLAN

ALLGEMEINES

Die Seele ist die belebende Kraft, die allem Lebendigen innewohnt. Sie ist der göttliche Funke, die Lebenskraft. Die Seele ist eine fließende Energie, die den ganzen Körper durchströmt und sie ermöglicht alle bewussten und unbewussten Wahrnehmungen. Daher ist sie der Bewusstseinskörper.

Von ihrer geistigen Essenz her ist die Seele Liebe, Schönheit, Mitgefühl. Sie ist multidimensional durch ihre gleichzeitige Teilhabe am großen kosmischen Ganzen. Als inkarnierte Menschen leben wir in einem materiellen Körper, ausgestattet mit den Seeleneigenschaften. Das Ziel, der tiefere Sinn des Lebens, ist es, die innewohnende Liebe, das Lichtvolle und die Güte auf der Erde zu verwirklichen. Indem wir uns immer wieder in die Ruhe und Stille der Seele begeben, der inneren Stimme lauschen und uns der Instanz des höheren Selbst zuwenden, können wir Anteil nehmen an ihrem innewohnenden geistigen Wissen, das uns liebevoll vermittelt wird, damit wir an den Herausforderungen des Lebens wachsen können.

Bevor wir neu inkarnieren, wird in der geistigen Welt ein sogenannter Seelenplan entwickelt. Es ist festzustellen, dass niemand zu einer Wiedergeburt gezwungen wird. Die Seele hat die Entscheidungsfreiheit, ob sie sich in geistigen Ebenen weiterentwickeln will oder zwecks weiterer Erfahrungen und Entwicklungen ein weiteres Erdenleben bevorzugt.

Der Seelenplan ist eine Absprache in der geistigen Welt, an der mehrere Seelen zusammen die Aufgaben für das kommende Leben planen. Es geht um Situationen und Herausforderungen, die das gegenseitige Wachstum fördern. Das hat natürlich auch mit schwierigeren Lebensthemen aus einem früheren Leben, die aufgelöst werden sollen, zu tun. Als spirituelle Wesen, als Seelen, wollen wir irdische Erfahrungen machen. Wir vergessen die wahre Identität als göttliche Seele, um uns im Lauf des irdischen Lebens wieder daran zu erinnern. Die Polarität der Erde, das Gespaltensein von Hell und Dunkel, Gut und Böse, kann zu tieferen Einsichten führen, um sich dadurch an den wahren Ursprung zu erinnern, um sich dem Wesen der Liebe zuzuwenden.

Die Seele ist ein Funke Gottes und die Ich-Persönlichkeit– der Mensch – ist Teil der Seelenenergie in einem physischen Körper. Als Mensch haben wir den freien Willen, die Willens- und Entscheidungsfreiheit. Wir entscheiden selbst, wie wir auf die Herausforderungen des Lebens reagieren möchten, ob mit mitfühlender Liebe oder mit Wut, Zorn, also Angst.

Viele Menschen können sich nicht vorstellen, dass sie bestimmte unangenehme Situationen in ihrem Leben selbst vorausgeplant haben. Dabei ist nichts vorbestimmt, sondern es geht stets um die eigene Reaktion auf ein Geschehen. Schwierige Situationen erinnern daran, eine ewige unsterbliche Seele zu sein. Wer seinen wahren Lebenskern erkennt, leidet weniger. Es geht darum, an schwierigen Herausforderungen zu wachsen, sie gelassen anzunehmen und positiv zu verarbeiten. Dadurch wird die eigene Schwingung angehoben, und gleichzeitig die der ganzen Welt.

Wer seinen inneren Frieden gefunden hat, strahlt dies aus und unterstützt andere auf ihrem Weg. Indem wir anderen Liebe und Mitgefühl entgegenbringen, eröffnet dies immer einen Heilungsprozess. Es geht einzig darum, auf die Krisen des Lebens liebevoll zu reagieren. Dann kehren wir weiser und gereifter in die geistige Welt zurück.

In der Jenseitswelt ist der Seele die untrennbare Verbundenheit mit allen anderen Wesen und Gott bewusst. In einem physischen Körper jedoch fühlen sich viele getrennt vom Höheren Sein und erkennen nicht die Einheit, die wir alle sind. Wir haben nicht eine Seele, sondern sind die Seele und somit immer eingebunden in einen höheren geistigen Sinnzusammenhang. Von unserem Ursprung her sind wir reine Liebe.

Wir planen schwierige Lebenssituationen zur Erreichung bestimmter Ziele, um negative Energien aus früheren Leben zu heilen und zu überwinden. Das, was als Karma bezeichnet wird, das Gesetz von Ursache und Wirkung, ist kein kosmisches Schuldenkonto, sondern eine unausgeglichene Energie, die geheilt werden will.

Um den Lebensplan zu erstellen, kann die Seele Szenen aus früheren Leben abrufen, in denen ungelöste Emotionen noch einer Auflösung bedürfen: z.B. Reue nach einem Täterverhalten, Angst und Wut als Opfer, nicht geklärte Beziehungen etc. Der Prozess findet mit Hilfe von Geistführern oder Schutzengeln und natürlich mit Seelen, mit denen wir im nächsten Leben wieder aufeinandertreffen werden, statt. Die Seele probiert sozusagen die neue Persönlichkeit aus. Sie weiß, woran sie in ihrem künftigen Leben arbeiten muss.

Es bestehen stets mehrere Möglichkeiten, welche Art von Leben die Seele als Nächstes wählen möchte. Vielleicht hat sie in einem vorhergehenden Leben anderen geschadet und möchte dies nun wiedergutmachen. Letztlich sind verschiedene Optionen und Potenziale in den Seelenplänen eingewebt. Als Mensch, der sein

Leben selbst gestaltet, sind wir recht frei, welchen Weg wir gehen. Die Seele weiß, was sie erfahren und erreichen möchte. Ob sich aber die irdische Persönlichkeit bewusst daran erinnern kann, um den Plan umzusetzen, ist nicht festgelegt. Wie wir auf bestimmte Zeichen oder Intuitionen der inneren Stimme reagieren, oder ob bestimmte Schicksalsschläge ein Weckruf sind, liegt im eigenen Ermessen.

Wenn jemand beispielswiese ein Burnout mit stark depressiven Anteilen erlebt, mag dies darauf hindeuten, dass die Person nur im Außen funktioniert hat, sich aber nie die Ruhe und Stille gegönnt hat, um mit der eigenen Seele in Kontakt zu treten. Alle Herausforderungen, alle Krisen und Erkrankungen, geschehen niemals willkürlich, sondern sind eine Aufforderung, uns darauf zu besinnen, weswegen wir hier sind: die inwendige geistige Essenz der Liebe auf die Erde zu bringen, um so zum Fortschritt aller Wesen beizutragen.

Auf der Erde sind wir mit Leid, Schmerz, Krisen aller Art, Krankheiten und dem Tod konfrontiert. Viele fragen sich ständig nach dem Sinn des Leidens. Wir haben vergessen, eine unsterbliche Seele zu sein. Im Leben auf der Erde geht es darum, sich wieder hieran zu erinnern. Alle Krisen, alle Schwierigkeiten, alle Blockaden haben einen tieferen Sinn. Weder sind andere schuld an dem, was uns widerfährt, noch sind wir Opfer eines blinden Universums. Wir sind hier, um in der Gegensätzlichkeit der Welt Erfahrungen zu machen und seelisch und geistig an ihnen zu wachsen.

Die Quellen dieses Wissens speisen sich aus den Protokollen von Reinkarnationsforschern und Rückführungstherapeuten. Daneben gibt es hellsichtige Medien, die Zugang zur Akasha-Chronik haben. Das sind Energiefelder in der geistigen Welt, in denen alle Gedanken, Worte und Taten aller Menschen und Zeiten gespeichert sind, sozusagen das Gedächtnis des Universums.

In einer jeweiligen Inkarnation auf der Erde geht es um Gefühle und Emotionen, die das Leben in einer physischen Dimension mit sich bringt. Durch schwierige Lebensumstände werden intensive Gefühlte erzeugt, die unseren Selbsterkenntnisprozess befördern. Indem wir unser Herz öffnen, können wir einen Zuwachs an Liebe und Mitgefühl erleben und Heilung finden.

Die Erinnerung daran, ein unsterbliches Bewusstsein zu sein, und daran, dass wir niemals wirklich Schaden nehmen können, führt dazu, Krisen aller Art nicht länger zu bewerten. Das verhilft zu einer neutralen Sichtweise, wodurch wir weniger leiden. Die Seele betrachtet die Polarität neutral. Das Erden-Ich, das Ego, neigt dazu, alles im Leben, was uns widerfährt, zu bewerten. Wenn wir die Dinge neutraler betrachten können, finden wir inneren Frieden.

Wir nehmen die Dinge an, wie sie sind, ohne Wertung. Alles, was uns widerfährt, beinhaltet immer auch eine Möglichkeit zur inneren Weiterentwicklung, eine Chance zu mehr Wachstum.

Der Mensch als gottähnliches Wesen soll sich in seinen Seelenqualitäten durch den freien Willen und die reine Liebe entwickeln.

Wenn wir lernen, keine Erwartungen mehr zu haben, nicht zu bewerten und zu verurteilen, nicht mit Konflikten behaftet zu sein, sondern alles aus Liebe und Mitgefühl zu betrachten, können wir das Leben annehmen, wie es ist, da wir in der Liebe sind. Nicht was wir erleben ist wichtig, sondern wie wir das Erlebte empfinden. Der Seelenplan eines jeden Menschen sieht vor, in die Liebe zu erwachen, um die geistige Entwicklung voranzubringen. Bei den zu lernenden Inhalten geht es immer um Urvertrauen, Selbstannahme und Loslassen. Insofern befindet sich jede Seele ein einem fortlaufenden Entwicklungsprozess.

DIE VORGEBURTLICHE WAHL EINES NEUEN LEBENS

Nach der Lebensrückschau steigt die Seele in die höheren geistigen Dimensionen auf. Durch die Bewertung des eigenen Selbst und die Bereinigung von Energieblockaden, die zu einer Heilung seelischer Wunden führt, erlebt die Seele einen Zustand höchster Freiheit und erkennt die bedingungslose Liebe, Fürsorge und Weisheit des alles durchdringenden göttlichen Lichts. Einige Seelen wählen, für immer in die höhere geistige Welt aufzusteigen. Andere verspüren den Drang, in einer neuen Inkarnation auf die Erde zurückzukehren.

Die Zeitspanne zwischen dem Aufenthalt in der geistigen Welt und einer Reinkarnation ist offensichtlich sehr unterschiedlich. Das haben Reinkarnationsforscher übereinstimmend festgestellt. Alles Planen dient dem Ziel, Fortschritte in der geistigen Entwicklung zu erlangen. Die Seelen haben die Freiheit, selbst zu entscheiden, wann und wo sie geboren werden und wer sie in ihrem physischen Leben sein wollen. Die Geistführer präsentieren der Seele Auswahlmöglichkeiten für das nächste Leben.

Auch Joel L. Whitton gewann die bedeutsame Erkenntnis, dass Seelen ihr künftiges Leben im Zustand der Körperlosigkeit vorausplanen. Durch die Selbsterkenntnis der Lebensrückschau sind sie imstande, Entscheidungen zu treffen, welche die Form der nächsten Inkarnation bestimmen. An diesen Planungssitzungen sind hohe, weise Wesen beteiligt, die die karmischen Verpflichtungen bzw. die noch zu erlösenden Aspekte aus früheren Leben kennen. Michael Newton spricht von einem Ältestenrat, Whitton bezeichnet sie als Richter.

Eine weibliche Versuchsperson von Dr. Whitton sagte dazu Folgendes:

> *„Man hilft mir dabei, das nächste Leben so vorzubereiten, dass ich mit allen Schwierigkeiten, die mir begegnen können, fertigwerden kann. Ich möchte nicht die Verantwortung übernehmen, denn ich habe das Gefühl, dafür nicht stark genug zu sein. Aber ich weiß, wir müssen auf Schwierigkeiten stoßen, um diese Hindernisse zu überwinden – um stärker, wachsamer, verantwortungsbewusster zu werden und uns weiterentwickeln zu können."* [75]

Als Menschen machen wir alle notwendigerweise Fehler, um während des Lebens Kurskorrekturen vorzunehmen. Das trifft genauso auf jeden Körper zu, der ausgewählt wird. Wir wählen bestimmte Körper für bestimmte Zwecke aus. Die vorliegenden Fallstudien zeigen, dass physische Attribute Teil des Plans der Seele sind, um voranzutreiben, was sie im nächsten Leben lernen will.

Vielleicht haben sich manche Leser/-innen schon einmal die Frage gestellt, ob sie in einem Körper sind, der zu ihnen gehört. Bin ich das wirklich? Die Frage stellt sich umso dringender, wenn der Körper nicht so funktioniert, wie man sich dies erhofft hat. Menschen, die mit körperlichen oder psychischen Beeinträchtigungen geboren werden, sind häufig der Überzeugung, ihr Körper halte sie von einem guten Leben ab.

Die Wahl eines behinderten Körpers kann den Fortschritt der Seele beschleunigen, da dieser Körper lernen wird, Hindernisse zu überwinden und so eine Konzentration auf geistiges Wachstum ermöglicht. Michael Newton stellte fest, dass körperliche Behinderungen die Entwicklung durch Selbstfindung beschleunigen.

Natürlich sind das keine einfachen Prozesse, aber das Wissen, dass sich die Seele bestimmte Herausforderungen selbst auferlegt hat, kann dazu beitragen, die Welt aus einem anderen Blickwinkel zu betrachten.

Es kann für unser seelisch-geistiges Wachstum sehr tröstlich sein, dass schwierige Lebenssituationen intensive Gefühle erzeugen, die den Selbsterkenntnisprozess der Seele befördern. Ziel der Seele ist es, ein wahrhaft liebendes und mitfühlendes Wesen zu werden. Durch eine neue Inkarnation können wir blockierte Gefühle und Unerledigtes aus früheren Leben heilen. Auch können wir Fehler aus früheren Leben wiedergutmachen.

Die Seele weiß, dass der Pfad der Erleuchtung über die Erde führt. Deswegen plant das Seelenbewusstsein potenzielle Herausforderungen im Voraus, um Heilung zu erfahren. Um möglichen Missverständnissen vorzubeugen, möchte ich darauf hinweisen, dass es sich hierbei nicht um eine Vorbestimmung handelt. Der Mensch kann durch seinen freien Willen immer wieder neu entscheiden, wie er sich den Herausforderungen seines Lebens stellt. Er entscheidet selbst darüber, wie er auf sie reagiert: mit Liebe, Selbstliebe und Mitgefühl oder mit Angst, Hass, Wut, Zorn. Um Fortschritte in unserer Evolution der Seele zu erreichen, ist es wichtig zu wissen, dass wir von unserem geistigen Ursprung her reine Liebe sind.

Solange wir uns auf der Erde im Widerstand gegen uns selbst befinden und andere für unangenehme Dinge in unserem Leben verantwortlich machen, sind wir nicht in der Liebe. Was immer an Konflikten oder Krisen in unser Leben treten kann, hat stets mit uns selbst zu tun und ist in eigenen Erwartungshaltungen, der Eigenverantwortung für seine Gedanken, Worte und Taten, der Projektion von Schuld begründet. Je negativer wir uns selbst und anderen gegenüber reagieren, umso weniger sind wir in der Liebe, die einzig und allein physische und psychische Leiden zu heilen vermag. Wut, Schuld, Hass sind keine Alternative. Das Ziel des Planungsprozesses besteht darin, eine Inkarnation auszusuchen, die das richtige Maß an Herausforderungen und Möglichkeiten zum Lernen und Wachsen bringt.

Die Planung eines neuen Lebens hat nicht nur mit den eigenen Bedürfnissen zu tun, sondern die Auswahl des Lebens muss mit den Plänen und Bedürfnissen anderer Seelen, die sich auf der Erde wiederbegegnen werden, übereinstimmen. Beziehungen sind wichtig für eine Weiterentwicklung und spirituelles Wachstum. Alle Reinkarnationsforscher sind sich darüber einig, dass wir alle gemeinsam mit Seelen inkarnieren, die uns in anderen Leben nahestanden.

Es kann auch um Wiedergutmachung gehen: Wir begegnen Seelen wieder, die uns schlecht behandelt oder verletzt haben, um dadurch Vergebung zu lernen. Dementsprechend kehren wir auch zu Personen zurück, denen wir selbst Unrecht getan haben. Es geht immer um Ausgleich, das Finden einer Balance zwischen den Polaritäten, denen wir ausgesetzt sind.

Dr. Whitton zitiert eine Frau:

„Es gibt Menschen, die ich in meinem letzten Leben nicht gerade gut behandelt habe, und deshalb muss ich auf die Erde zurückkehren, und meine Schuld abtragen. Wenn ich diesmal von ihnen verletzt werden sollte, dann werde ich ihnen vergeben, weil es mir nur darauf ankommt, nach Hause zurückzukehren.“[76]

Damit sich die Seele weiterentwickeln kann, sind gewisse Herausforderungen bei der Lebensplanung, die sich die Seele auferlegt, notwendig. Die Seele folgt einem bestimmten Plan, den sie vor ihrer Inkarnation mit anderen Seelenpartnern oder der Seelenfamilie vereinbart hat. Diese Absprachen bestimmen unsere Aufgaben auf der Erde. Manche Therapeuten sprechen in diesem Zusammenhang von Seelenverträgen.

Dadurch ist unser Leben von bestimmten Lernaufgaben geprägt. Der freie Wille des Menschen wird dabei jedoch nicht beeinträchtigt. Alles dient dem besten und größten Wohl, wenn auch schwierige Situationen oder Krankheit mit Leid und Anstrengungen verbunden sind. Wenn es uns gut geht, denken wir nicht viel über den Sinn des Lebens nach, aber wenn wir Krisen zu bestehen haben, lässt sich im Nachhinein häufig feststellen, dass wir durch einen Verlust oder eine lebensgefährliche Erkrankung seelisch-geistig gewachsen und unserem Herzen nähergekommen sind.

Sogenannte Seelenfamilien sind ein Seelenverbund, der immer wieder gemeinsam mit dem Potenzial inkarniert, Lernaufgaben gemeinsam auszugleichen und sich selbst zu heilen.

Rüdiger Syring schreibt in seinem „Reiseführer durch die Anderswelt“:

„Dabei haben wir es selbstverständlich auch oder gerade mit schwierigen Lebensthemen zu tun – mit inneren, ungelösten Konflikten, mit Schicksalen und Lebenssituationen, die uns anfänglich zu überfordern scheinen und die uns zwingen, persönlich und spirituell zu wachsen; zu erkennen, dass wir an einer Wegegabelung angekommen sind, wo die bisherigen Koordinaten neu justiert werden müssen.“[77]

Schwierige Lebensumstände stellen sich nie rein zufällig ein, wie viele Menschen glauben. Sie sind Teil eines höheren Plans und münden in die Selbsterkenntnis, ein spirituelles Wesen zu sein, eine

Seele, die auf die Erde gekommen ist, um irdische Erfahrungen zu machen, die nur in der Polarität möglich sind. Je mehr wir in uns hineinhorchen, umso besser können wir Vertrauen in die innere Führung oder Intuition entwickeln. Wenn wir lernen, Dinge ohne Widerstand und ohne sie zu werten anzunehmen, so, wie sie sind, kommen wir unserem höheren Selbst näher, das dankbar und wertfrei annimmt, statt sich für Leid und Abwertung zu entscheiden.

In der Studie der international bekannten Psychologin Helen Wambach „Leben vor dem Leben" kommen von 750 Versuchspersonen einer Massenrückführung 81 Prozent zu der Erkenntnis, dass sie sich selbst dafür entschieden haben, wiedergeboren zu werden. Alle hatten eine Wahl. Manche entschieden sich recht widerstrebend dafür, andere konnten es kaum erwarten, auf die Erde zurückzukehren.

„Ich entschied mich dafür, geboren zu werden, und ich war mit drei Wesen zusammen, die zu einer späteren Zeit geboren werden sollten. Wir diskutierten die Sache miteinander. Ich war wirklich bereit, und es schien mir, als wisse ich alles, was es damit auf sich hatte."[78]

In dem reichhaltigen Wambach-Material sind beim Planungsprozess Geistführer und Berater anwesend, die der Seele Auswahlmöglichkeiten für das nächste Leben aufzeigen.

„Ja, ich entschied mich dafür, geboren zu werden, und alles wurde in einer Gruppe abgestimmt. Meine Gefühle hinsichtlich der Aussicht, geboren zu werden, waren, dass das schon in Ordnung sei. Ich wollte zusammen mit der Gruppe meiner Berater irgendetwas

vollenden, und ich wollte mich einem ausschweifenden Leben aussetzen und es überwinden."[79]

Die Seelen erhalten offensichtlich eine Schulung und Beratung vor ihrer Geburt. Einige Versuchspersonen entschieden sich eher widerstrebend für eine neue Inkarnation.

„Ja, ich entschloss mich selbst, geboren zu werden, aber irgendwie mit Hemmungen und Stockungen. Mir scheint, als seien Freunde dagewesen, um mir zu helfen, eine ganze Menge. Sie wollten, dass ich gehe. Ich hatte Bedenken, weil mein letztes Leben so unerfreulich war und ich wirklich kein drängendes Karma hatte, an dem ich arbeiten musste. Es war hier schon gewaltig komfortabel. Ich kann mich entsinnen, mit Leuten auf der anderen Ebene gesprochen zu haben, die versuchten, mir bei der Entscheidung zu helfen. Ich wusste, dass ich manches zu erledigen hatte, aber nichts Dringendes."[80]

Hier werden durchaus gemischte Gefühle zum Ausdruck gebracht, die geistige Heimat der Liebe und des Friedens zu verlassen, um in das nicht immer einfache Erdenleben wiedergeboren zu werden. Und doch ist die Entscheidung, zu reinkarnieren, freiwillig, auch wenn sie auf karmischen Notwendigkeiten beruht. Wie es ein Klient von Michael Newton ausdrückte:

„Wir entscheiden uns dafür, wiedergeboren zu werden, wenn beschlossen wurde, dass wir dafür bereit sind. Sie zwingen einen zu gar nichts."[81]

DIE AUSWAHL DER ELTERN

Die Lebensplanung ist ein Prozess, der in der geistigen Welt der Körperlosigkeit und Gestaltlosigkeit stattfindet, also ein rein seelisch-geistiger Prozess. Alle bedeutenden Reinkarnationsforscher und praktizierenden Rückführungstherapeuten sind sich darüber einig, dass ein Wesen, das inkarnieren will, sich seine Eltern aussucht. In den letzten Jahrzehnten mehrten sich die Aussagen von Kleinkindern ab zwei Jahren, die sich spontan an frühere Leben erinnerten und dabei auch die Auswahl der Eltern thematisierten.

Kinder sprechen detailliert über den Prozess der Elternwahl, der oft in Zusammenarbeit mit Gott stattfindet, der als liebende Präsenz beschrieben wird.

In einem unendlichen Universum, das von einem liebenden göttlichen Bewusstsein durchdrungen ist, ist alles möglich, auch wenn wir uns das als irdische Menschen kaum vorstellen können. Es zeigt sich, dass wir mit Menschen zusammenleben, die wir uns als Partner für die irdische Reise ausgesucht haben, wir uns also im Lebensplanungsprozess verabredet haben.

Wir suchen uns die Eltern aus, die wir brauchen – ob im positiven oder negativen Sinn –, um in der seelisch-geistigen Entwicklung voranzukommen. Wenn kleine Kinder anfangen, über die Elternauswahl zu sprechen, sind die Erwachsenen häufig irritiert. Sie können es nicht fassen, dass Kinder über den Himmel, das Leben nach dem Tod oder von Wiedergeburt sprechen. Viele können das nicht akzeptieren und halten alles für Fantasiegebilde. Doch es lohnt sich, genauer hinzuhören: Bis zum Alter von sechs Jahren haben Kinder noch offene Kanäle für die geistige Welt. Sie erinnern sich an die Quelle der Liebe und Weisheit, der wir alle entstammen und die wir als Gott bezeichnen.

Wayne Dyer war ein weltberühmter spiritueller Lehrer, dessen Buch „Erinnerungen an den Himmel“ (2016) zu seinem Vermächtnis in Hinblick auf die großen Menschheitsfragen wurde. Dyer starb im August 2015 kurz nach der Beendigung des Buches, das faszinierende Zeugnisse über die Existenz des Göttlichen und die Unsterblichkeit der Seele enthält. Auf seine Anfrage erhielt er tausende Berichte von Eltern aus aller Welt, in denen sich Kinder an die Zeit erinnerten, bevor sie auf die Welt kamen.

Ein ganzes Kapitel des Buches besteht aus Berichten über die Auswahl der Eltern. Ich möchte nun aus diesen Schilderungen von Kindern einige prägnante Beispiele nennen.

Ein damals vierjähriger Junge, ein adoptierter Sohn, begann völlig unvermittelt über sein Leben vor dem Leben zu sprechen:

„Er sagte, er habe meinen Mann und mich von dort aus gesehen und viele Male versucht, unsere Aufmerksamkeit zu wecken. Aber wir hätten ihn nie sehen können, und so habe er beschlossen, durch seine Mama geboren zu werden, damit wir ihn finden konnten. Mein Mann und ich waren gelinde gesagt sprachlos. Ich hatte nach meinem ersten Sohn einige Fehlgeburten gehabt, und als mein jüngerer Sohn uns erzählte, was er gesehen hatte, wusste ich, dass seine Seele versucht hatte, durch mich ins Leben zu kommen, nur dass mein Körper dazu nicht imstande gewesen war. Wir haben das Gefühl, dass unser älterer Sohn den Plan von vornherein kannte, weil er uns ständig um ein Geschwisterkind angebettelt hatte.“[82]

Die Eltern erhielten das Kind im Alter von 22 Monaten. An diesem Beispiel können wir erkennen, dass die Seele auch über Umwege zu ihren ausgewählten Eltern findet.

Eine 73-jährige Frau erinnerte sich lebenslang an einen Vorfall, den sie im Alter von drei Jahren erlebte. Die Eltern konnten die Aussagen ihrer Tochter nicht akzeptieren.

„Ich kann mich heute so genau daran erinnern, als wäre es gestern gewesen. Ich erzählte ihnen, dass ich mich irgendwo über der Erde befunden und auf eine Gruppe mit mehreren Paaren hinabgeblickt habe. Dann hörte ich eine Stimme, die mich fragte, welches Paar ich als Eltern haben wolle. Mir wurde gesagt, dass jedes dieser Paare, egal welches ich aussuchte, mir das beibringen würde, was ich in diesem Leben lernen müsse. Ich zeigte auf meine Eltern und antwortete: ‚Ich nehme die.'"[83]

In diesem Bericht findet sich das wiederkehrende Motiv – dass wir von Geistführern in der Planung eines neuen Lebens unterstützt werden – und ebenso, dass wir mehrere Möglichkeiten der Wahl unserer Eltern haben. Dies taucht auch in den Protokollen der Rückführungstherapeuten immer wieder auf.

Im Alter von drei Jahren erzählte Christopher seiner erstaunten Mutter:

„'Ich bin froh, dass ich dich ausgewählt habe.' Ich fragte ihn, wie er das meine, und er erzählte mir, er sei oben bei Gott im Himmel gewesen, und Gott habe ihn an einen bestimmten Punkt gebracht, damit er auf all die Eltern hinabblicken konnte, und dann habe er Christopher gebeten, sich seine Mami und seinen Papi auszusuchen."[84]

Derartige Erinnerungen an die Zeit vor ihrer Geburt, an die Geborgenheit und Liebe der geistigen Welt und die Auswahl der Eltern sind weit verbreitet. Es ist oft nur so, dass Eltern die klaren

Äußerungen der Kinder über Begegnungen mit geistigen Wesen nicht annehmen können und sie abtun. Ein anderer vierjähriger Junge berichtete seiner Mutter von dem Moment,

> *„in dem er mit Gott über den Wolken gesessen und hinuntergeblickt und mich als seine Mutter ausgewählt habe."*[85]

EINBLICKE IN SEELENPLANUNGSSITZUNGEN

Robert Schwartz ist Lebensberater und Hypnotherapeut, der Rückführungen in vergangene Leben wie auch in das Zwischenleben durchführt. Durch eine Rückführung in das Leben zwischen den Leben ist es möglich, die vorgeburtliche Planungssitzung wiederzuerleben, um herauszufinden, was die Seele vor ihrer Geburt an Herausforderungen geplant hat und warum. Es zeigte sich, dass Schicksalsschläge aller Art – schwere Krankheiten, traumatische Erlebnisse, psychische Krisen oder Verluste – von den Seelen vor der Geburt geplant wurden.

Nichts im Leben geschieht zufällig, auftretende Schwierigkeiten sind keine Strafe Gottes. Jede selbst auferlegte Prüfung bietet Chancen für inneres Wachstum, spirituelle Reifung und Heilung. Die Rückführungen helfen dabei, den tieferen Sinn des Lebens zu erkennen. Sie vermitteln die Bedeutung der Erfahrungen, die wir gemacht haben, und zeigen auf, warum sich bestimmte Muster wiederholen, warum bestimmte Menschen in unserem Leben sind und was wir vor der Geburt aus diesen Beziehungen lernen wollten.

Robert Schwartz veröffentlichte bisher drei Bücher: „Mutige Seelen" (2007), „Jede Seele plant ihren Weg" (2012) und „Mission der Seele“ (2015). Über Internetanzeigen suchte er sich Interviewpartner, die etwas über vorgeburtliche Lebensplanung wussten und sich über den tieferen Sinn ihrer Probleme unterhalten wollten. Schwartz arbeitete mit Medien und Channeln zusammen, die durch erweitertes Bewusstsein Zugriff zu Informationen aus der geistigen Welt hatten oder die direkt mit einem Geistführer kommunizierten. Einige hatten Zugriff auf die Akasha-Chronik, in der alles, was geschehen ist und geschieht, gespeichert ist, also auch die vorgeburtlichen Lebensplanungssitzungen.

Die Ergebnisse seiner Recherchen deuten darauf hin, dass wir uns tatsächlich die meisten unserer Probleme selbst aussuchen. Je schwieriger eine Herausforderung zu bewältigen ist, umso wahrscheinlicher ist es, dass wir uns schon vor der Geburt dafür entschieden haben. Das heißt allerdings nicht, dass alle Probleme und Schwierigkeiten vorausgeplant sind.

Schwartz schreibt:

„Ich glaube nämlich, dass wir alles, was wir erleben, selbst erschaffen. Ungeplante Probleme begegnen uns, wenn wir sie durch unsere Schwingung anziehen, weil wir die Weisheit brauchen, die wir durch die schwierige Situation erlangen können. Wir wachsen stets durch Erfahrung – egal, ob wir diese Erfahrungen vorausgeplant haben oder nicht. Deshalb sollten Sie sich auch nicht fragen, ob Sie eine bestimmte schwierige Lebenssituation schon vor der Geburt geplant haben, sondern lieber, warum sie dieses Problem ausgesucht haben.“[86]

Wenn wir entschieden haben, wiedergeboren zu werden, führen wir lange Gespräche mit Geistführern oder anderen Seelen, denen wir im kommenden Leben wiederbegegnen werden. Wir besprechen, was wir zu lernen hoffen und wie dieser Lernprozess aussehen könnte. Während einer Rückführung in das Leben zwischen den Leben können wir in diese Planungssitzung durch ein höheres Bewusstsein einsehen. Durch Hellwissen und Hellfühlen gelingt es manchen Medien, auch mit der Hilfe von Geistführern, Informationen über die vorgeburtlichen Lebenspläne zu erlangen.

Die Planungssitzungen finden in einem bestimmten Bereich statt. In der geistigen Welt manifestiert sich alles, woran man gerade denkt.

GRÜNDE FÜR EINE INKARNATION AUF DER ERDE

Wenn wir die geistige Welt verlassen, um uns neu zu inkarnieren, vergessen wir unseren Ursprung. Wir wollen neue Erfahrungen sammeln und uns mit den Polaritäten des Irdischen auseinandersetzen. Wir erinnern uns nicht länger an die jenseitige Dimension der Freude, des Friedens und der Liebe – eine Welt ohne Gegensätze.

In der geistigen Welt fehlen die Kontraste – wir sind alle eins im Licht. Auf der Erde herrschen die Gegensätze: hell und dunkel, gut und böse etc. Wir sind nicht mehr im Einklang mit unserer Seele und fühlen uns getrennt von unserem Ursprung. In einer Welt der Spaltungen lernen wir durch Gegensätzlichkeiten, bis wir uns wiedererinnern, wer wir sind. Durch die Erfahrung des Menschseins, der Vergänglichkeit, der Verluste, die wir hinnehmen müssen, durch Schmerz und Leid können wir uns wiedererkennen als göttliche Wesen.

Solange wir in einem physischen Körper leben, kommuniziert die Seele, die den göttlichen Funken in sich trägt, in Form von Intuition der inneren Stimme durch Gefühle mit uns. Wenn wir inneren Frieden empfinden, freudvoll sind und liebevoll mit uns und anderen umgehen, sind das Zeichen, dass wir im Einklang mit unserer Seele sind.

Gefühle wie Angst und Zweifel bedeuten das Gegenteil. Wir entscheiden selbst, wie wir auf schwierige Lebenssituationen reagieren. Wenn uns bewusst wird, bestimmte Probleme selbst geplant zu haben, fällt es leichter, sich für Liebe und Mitgefühl zu entscheiden. Schwierige Lebenssituationen sind dazu da, an ihnen seelisch und geistig zu wachsen.

Wir planen schwierige Situationen und Krisen, um Heilung zu erfahren als Überwindung negativer Energien aus früheren Leben. Das wird als Karmaausgleich bezeichnet. Die Rolle, die wir in diesem Leben spielen, haben wir uns selbst ausgesucht. Daher sind wir niemals Opfer von Umständen. Es gibt keine Schuld und das Universum bestraft uns nicht mit negativen Erfahrungen. Das Karmagesetz von Ursache und Wirkung ist neutral und unpersönlich.

Es sollte nicht vergessen werden, dass alle Pläne aus Liebe erstellt werden, da wir als Seele Liebe sind. Wir sind hier, um anderen Menschen dienen zu können. Selbstlosigkeit ist eine Eigenschaft, die zum wahren Wesen der unsterblichen Seele gehört.

Robert Schwartz resümiert:

„Schwierige Situationen sind eine Chance, unser wahres Wesen der Liebe deutlicher zum Ausdruck zu bringen und besser kennenzulernen, und zwar in all seinen Facetten: Mitgefühl, Vergebung, Geduld, Unvoreingenommenheit, Mut, Gleichgewicht, Akzeptanz, Vertrauen, Verständnis, Gelassenheit, Glaube, Dankbarkeit, Bescheidenheit usw. Liebe ist das Hauptthema unserer vorgeburtlichen Lebensplanung.“[87]

Wenn wir den Zustand der reinen, bedingungslosen Liebe und des vollkommenen Mitgefühls erreicht hätten, wären wir nicht länger in einem menschlichen Körper. Dann ist der irdische Lernprozess durch Widerstände, Herausforderungen und Gegensätzlichkeiten nicht länger notwendig.

KÖRPERLICHE ERKRANKUNGEN

Die meisten Menschen werden irgendwann in ihrem Leben mit gesundheitlichen Problemen oder schweren Erkrankungen konfrontiert. In diesem Zusammenhang stellt sich die Frage, ob die Seele ganz bestimmte Krankheiten vorausplant.

Doris litt an Brustkrebs. Viele Krebserkrankungen entstehen durch selbstabwertende Gedanken und Gefühle. Im Alter von 16 Jahren kaufte sie sich aus Neugier eine Packung Kondome, die von ihrer Mutter, die Alkoholikerin war, gefunden wurde. Als Doris von der Schule nach Hause kam, wurde sie von ihrer Mutter als Hure beschimpft, und sie bezeichnete sie als dick und unattraktiv. Leider verinnerlichte Doris diese Abwertung und entwickelte ein negatives Selbstbild.

Mit Mitte 30 wurde bei ihr zum ersten Mal Brustkrebs diagnostiziert. Der Tumor wurde entfernt, doch zwölf Jahre später mussten beide Brüste entfernt werden. Sie gewann dadurch eine wesentlich positivere Einstellung zu sich selbst und machte anderen Frauen Mut. In dem Gespräch mit Robert Schwartz sagte sie, dass sie das Gefühl habe, sich diese Erkrankung ausgesucht zu haben, um innerlich zu wachsen und heil zu werden. Im weiteren Verlauf der Sitzung channelte Doris ihre eigene Seele. Wir erfahren, dass Doris Körper auf ihr negatives Selbstbild reagierte und deshalb an Krebs erkrankte. Unsere Zellen hören unsere Gedanken und richten sich danach. Das Schlüsselerlebnis war die Abwertung durch ihre Mutter im Alter von 16 Jahren.

Schwartz schreibt:

„Gerade diejenigen Menschen, die uns das Leben am schwersten machen, tun das in Wirklichkeit uns zuliebe. Wir einigen uns schon vor der Geburt auf diese Rollen, und die Seele, die für uns den Folterknecht spielt, tut das in Wirklichkeit nur aus Liebe und zögert oft sogar ihren eigenen Lernprozess hinaus, um uns diese Erfahrung zu ermöglichen, die wir für unser inneres Wachstum so dringend brauchen.“[88]

Es sei noch einmal ausdrücklich darauf verwiesen, dass die vorgeburtliche Lebensplanung Möglichkeiten und Potenziale beinhaltet, die nicht als vorausbestimmt angesehen werden können, sondern abhängig davon sind, wie wir auf die Herausforderungen reagieren.

Doris wollte lernen, sich selbst zu lieben. In diesem Sinne ist Krankheit ein Weckruf und ein Heilungsprozess. Wir besitzen die Macht, unser Leben schon vor der Geburt zu gestalten, um die Lernerfahrungen in unser Leben zu ziehen, die wir für inneres Wachstum brauchen. Besonders durch Krankheiten werden wir daran erinnert, dass wir mächtige Wesen sind, um uns selbst neu zu entdecken.

Alle Absprachen und Planungen finden auf der Seelenebene in einem körperlosen Zustand statt. Die irdische Persönlichkeit als Teil der Seelenenergie kann nicht unbedingt nachvollziehen, eine schwere Krankheit selbst geplant zu haben. Es sei darauf hingewiesen, dass alle Absprachen aus Liebe getroffen werden. In jedem Leben geht es um Fortschritte im spirituellen Erwachen, also darum, mehr Mitgefühl und Liebe zu entwickeln.

PSYCHISCHE ERKRANKUNGEN

Nachdem wir über die Planung von körperlichen Erkrankungen gesprochen haben, möchte ich eine Durchgabe von Gregory über die Bedeutung von psychischen Erkrankungen einfügen:

„Psychische Erkrankungen werden von der Gesellschaft negativ beurteilt, obwohl gegenwärtig mindestens fünfzig Prozent der Bevölkerung davon betroffen sind. Durch die Etikettierung wird eine Angstbarriere erzeugt: Angst vor dem Erkrankten und Angst vor sich selbst. Eine mentale, emotionale Unausgeglichenheit ist in Wirklichkeit eine bewusste Entscheidung auf der Seelenebene, die als Potenzial vorausgeplant wurde. Wenn das bewusst wird, stellt sich die Erkenntnis ein, nicht nur der Körper oder Verstand zu sein, sondern eine ewige Geistidentität mit vielen früheren Leben und eine Seele, die all diese Erfahrungen erschafft.

In der vorgeburtlichen Planung geht es darum, dass die Seele blockierte Gefühle und Unerledigtes aus anderen Leben heilen will. Das höhere Selbst, das wir sind, sieht das als umfassenden Prozess, der in die Heilung früherer Leben führt. Wenn ihr aufhört, gegen Euch selbst zu kämpfen und den Widerstand gegen Euch selbst aufgeben könnt, stellt sich Leichtigkeit ein.

Wenn Ihr aufhört, ständig alles zu bewerten, könnt Ihr die blockierten Gefühle zulassen, wie auch alle anderen Herausforderungen des Lebens. Dann versteht Ihr, dass Ihr alle Gefühle – Freude, Liebe, Freiheit - selbst erschaffen könnt, indem Ihr Euch dazu entscheidet. Das menschliche Leben ist ein Prozess, der aus Entscheidungen, Veränderungen und Entwicklung besteht. Es geht darum, sich als höheres Selbst zu erfahren, sich daran wiederzuerinnern. Das erfordert, den Blick nach innen zu richten, nicht in der psychischen Erkrankung stecken zu bleiben, sondern sich durch sie weiterzuentwickeln.

Viele Menschen mit psychischen Störungen sind schon bei der Geburt sensibel und verletzlich. Die Grenzen zwischen der derzeitigen Identität und denen aus früheren Leben sind durchlässig und alte, traumatische Energien sind noch Teil der Seele. Durch Bipolarität werden dieser alte Schmerz und die damit verbundene Angst zum Ausdruck gebracht. Das ist ein Ja zu den Höhen und Tiefen, den damit verbundenen Visionen und der Wahrnehmung anderer Dimensionen. Bei einer psychischen Erkrankung fehlt es häufig an ausreichender Erdung und die Seele findet keinen irdischen Anker. Die Innenwelt, der stille innere Raum, die Anbindung an den göttlichen Funken fehlt. Die Gegenwart des Ewigen wird nicht gefühlt.

Bei Psychosen oder Halluzinationen befindet sich das Ich in gewisser Weise außerhalb des Körpers und geht in andere Seinsdimensionen ein. Was die Person dann wahrnimmt, kann nicht integriert werden und wird durch die mangelnde Verbindung des Körpers zur Erde als Wahngebilde abgetan. Die Betroffenen verlieren den Kontakt zur eigenen Essenz, die Liebe, Freude, Frieden und Kreativität ist. Deswegen können empfangene Visionen oder Informationen nicht integriert werden.

In depressiven wie auch manischen Bewusstseinszuständen ist die Person nicht geerdet. Wenn Depressionen zu sehr quälen, wird versucht, einen anderen Bewusstseinszustand anzustreben. Die Euphorie der Manie mit ihren hohen, lichten Energien, ist ein Versuch, das Gleichgewicht wiederzufinden. In einem gewissen Sinn befreit sich der Geist von den Begrenzungen der materiellen Welt. Alter Schmerz aus früheren Leben wird bewusst. Durch eine Psychose geht nicht der Kontakt zur Realität verloren, sondern es wird ein Kontakt zu anderen Wirklichkeiten oder Dimensionen hergestellt. Das kann zu einer Wiedererinnerung führen, wer Ihr in Wirklichkeit seid. Heilung erfolgt immer durch Wiedererinnern.

Der Himmel ist nichts anderes als Selbstverwirklichung, das heißt zu verstehen, dass Ihr der Schöpfer der eigenen Realität seid.

Wenn Ihr wisst, dass Gott Euch das Geschenk seiner bedingungslosen Liebe gibt und sie immer in Euch präsent ist, erkennt ihr Euer innewohnendes unbegrenztes Potenzial, durch das ihr Euch selbst heilen könnt.

Heilung

Heilung durch sich selbst, also Selbstheilung, ist ein von vielen unterschätztes Potenzial in jedem von Euch. Bewusste Heilung aus dem Inneren heraus ist Selbstverwirklichung, verbunden mit der Erkenntnis, durch Eure Gedanken, Worte und Taten Schöpfer der eigenen Wirklichkeit zu sein. Daraus entwickeln sich Entscheidungen, durch die Ihr täglich neu erschafft, und in denen gleichsam das Potenzial vorhanden ist, durch das Aufdecken alter Fehlentscheidungen, die viel Schmerz verursacht haben, die größtmögliche Vision Eures Selbst zu verwirklichen.

In Eurem Seelenbewusstsein, in der Anbindung an den göttlichen Funken, liegt der Schlüssel zur Heilung und Befreiung alter Verletzungen, die oft über die Begrenzungen dieses Lebens hinausgehen und aus früheren Leben mitgebracht wurden.

Jeder Mensch trägt einen Schmerz in sich, sozusagen einen Urschmerz, der Emotionen wie Gefühle bedingt durch die Wahlmöglichkeit, auf die Herausforderungen des Lebens mit Angst oder Liebe zu reagieren.

Nur durch Liebe könnt Ihr Euch selbst heilen. Wenn das gelingt, heilt Ihr gleichzeitig Aspekte des kollektiven Bewusstseins, das auch alle früheren Leben beinhaltet, in Deinem Fall den alten Schmerz deines Vaters, der stellvertretend für die Kriegsgeneration steht und somit auch das Kollektiv.

Es gibt nur EINEN Geist, der sich in allem Sein manifestiert hat. SEIN Licht durchdringt alles Leben und SEINE Liebe ist der Ausgangspunkt aller Schöpfung. Alles ist gleichzeitig, da Ihr alle eins seid. Deswegen durchdringt die geistige Welt durch die göttliche Präsenz in Eurer Innenwelt beständig Euer irdisches Leben.

Alles wahrhaftige Wissen ist in Eurem Unterbewusstsein gespeichert, wie auch alle Erinnerungen der Seele an unterschiedliche Persönlichkeiten aus früheren Leben. Öffnet Euch der inwendigen Pforte zu höherem Bewusstsein durch das Wiedererinnern daran, wer Ihr in Wirklichkeit seid und welches Schöpfungspotenzial in Euch wohnt."

DER TOD EINES NAHESTEHENDEN MENSCHEN

Es bleibt kaum einem Menschen erspart, mit dem Tod eines geliebten Menschen konfrontiert zu werden. Die Hinnahme von Verlusten gehört zu unserem Leben. Es ist eine der schwersten Erfahrungen und sie ist mit tiefem Schmerz verbunden. Der Tod eines anderen Menschen ist für viele im Nachhinein ein Wendepunkt im Leben, ein Weckruf, der intensives inneres Wachstum ermöglicht. Manche erleben solche schmerzlichen Verluste mehrfach im Leben. Es stellt sich die Frage, ob ein früher Tod schon vor der Geburt geplant wurde.

Valerie verlor ihren 19 Jahre alten Sohn Dustin durch eine Überdosis an Drogen. Dieser Verlust machte sie fassungslos. Zwölf Jahre zuvor verlor sie ihren Freund D.C., der ihr kurz vor seinem Tod einen Heiratsantrag gemacht hatte. Valerie betäubte ihren Schmerz durch Alkohol. Sie ging sehr offen mit dem Verlust um und trug ihren Kummer mit Kraft und Würde. Später unterstützte sie Menschen, die einen ähnlichen Verlust hinnehmen mussten. Robert Schwartz brachte das Medium Deb DeBari mit Valerie in Verbindung. Gleich zu Beginn der Sitzung meldete sich D.C. und teilte mit, dass er wusste, dass er nicht alt werden würde. Er habe mit anderen Seelen eine Vereinbarung über seinen frühen Tod getroffen. Er erzählte, er sei schon öfter mit knapper Not dem Tod entronnen.

Auf die Frage, was er aus seinem Leben lernen wollte, antwortete D.C.:

„Ich war Draufgänger. Irgendwie hatte ich keinen Respekt vor dem Leben. Sonst hätte ich es nicht so leichtsinnig aufs Spiel gesetzt. Ein großer Teil dieser Problematik stammt noch aus früheren Inkarnationen …. Ich habe mein Leben schon so oft für Dinge riskiert, an die ich nicht glaubte. Außerdem muss ich lernen, der Liebe mehr Bedeutung beizumessen …. Ich werde nicht sofort wiederkommen, vorher will ich erst noch ein paar Lektionen lernen.“[89]

Alle Seelen vergessen den Sinn und Zweck ihres Lebens, wenn sie in die Erdebene eintreten, da sich ein Schleier zwischen der geistigen und physischen Dimension herausbildet.

Dann trat Valeries Sohn Dustin in Erscheinung. Er wusste nicht, was er mit seinem Leben anfangen sollte und war innerlich voller Aggressionen und Misstrauen anderen gegenüber. Dustin sagte:

„Es war abgemacht, dass ich vor meinem 25. Lebensjahr sterben sollte. Wenn ich diesen Zeitpunkt überlebte – so war es festgelegt worden – müsste ich bis ins hohe Alter auf der Erde bleiben. Die Entscheidung lag bei mir.“[90]

Durch dieses schmerzliche Ereignis wurde Valerie einfühlsamer und mitfühlender. Sie konnte Karma aus einem früheren Leben, in dem Dustin ihr Vater war, auflösen. Damals stürzte sie vom Pferd und starb. Dustin war untröstlich. Valerie entwickelte sich durch die Verluste innerlich weiter und konnte sich dadurch andere Lektionen ersparen.

Robert Schwartz kommentiert:

> *„Gnade bedeutet, dass man von einem bestimmten Karma oder von einigen vorher geplanten Lernaufgaben befreit wird. Der plötzliche, unerwartete Tod ihres einzigen Kindes hatte einen so tiefen Eindruck bei Valerie hinterlassen, dass andere Lektionen in ihrem Lebensplan sich dadurch möglicherweise erübrigen.“*[91]

Vielleicht ist der Gedanke hilfreich, über den Verlust eines geliebten Menschen hinwegzukommen, das Geschehen nicht persönlich zu nehmen und dass Gott uns keineswegs damit treffen will. Wenn wir das alles unter dem Aspekt betrachten, dass die Seele sich ihren Tod selbst ausgesucht hat, kann der Verlust aus einer anderen Perspektive betrachtet werden. Verluste sind immer etwas Vorübergehendes, da man sich in den höheren geistigen Welten wiedersehen wird. Der Verstorbene kann uns immer noch sehen und in unserem Leben präsent sein.

Es bleibt anzumerken, dass jedes Ereignis und jeder Tod eine Ursache hat. Welche nun im Einzelfall zutrifft, lässt sich nicht genau bestimmen. Nicht jedem frühen Tod liegt ein Seelenplan zugrunde, das gilt z.B. für manche Unfälle, Suizid, Naturkatastrophen oder ein hereinbrechendes Kriegsgeschehen. Jedoch ist kein Tod zufällig, und keine Seele kann jemals verlorengehen. Allein von der Existenz eines seelischen Entwicklungsplans gehört zu haben, kann dabei behilflich sein, den Tod eines Nahestehenden anzunehmen. Durch das Wissen um den Seelenplan können wir unser Schicksal aktiv gestalten und besser annehmen.

Je mehr wir lernen, auf die innere Stimme des Höheren Selbst zu hören, umso deutlicher öffnet sich der Zugang zu unserer Seele und der Erkenntnis des Seelenplans. Alles Sein beruht auf dem Fundament der Liebe. Das Ziel des Wachstumsprozesses der Seele besteht darin, einen hohen Grad geistigen Wachstums zu erreichen und zu erkennen, dass wir nie von Gott getrennt sind. Nur der Körper stirbt, Liebe nie. Der Tod des physischen Körpers ist eine Entscheidung der Seele, wenn die irdische Persönlichkeit ihren Lebensplan erfüllt hat.

LEBENSLEKTIONEN

Wenn wir uns mit den vorliegenden Dokumentationen der seelischen Planungssitzungen auseinandersetzen – ob wir nun durch Rückführungen oder durch die Wahrnehmung von Medien, die die geistigen Energiefelder, in denen alle Gedanken und alle Taten aller Menschen, die je gelebt haben, gespeichert sind, versuchen, einen Zugang zu unserer Seele zu finden – so ist zu erkennen, dass bestimmte Lebenslektionen viele unterschiedliche Seelen umfassen:

- Heilung traumatischer Erfahrungen von früheren Leben (Karmaauflösung)
- persönliches spirituelles Wachstum
- Auflösung des Egos
- Mitgefühl
- Angstüberwindung durch Liebe
- bedingungslose Liebe zu sich selbst und zu den Mitmenschen
- Selbsterkenntnis
- innere Macht entwickeln
- Lernen durch Gegensätze

- keine Urteile fällen
- Bedürfnis, andere zu unterstützen
- Dankbarkeit – im Einklang mit der Schwingungsfrequenz des göttlichen Geistes
- Vergebung

Auf diese unterschiedlichen Lektionen wird im nächsten Kapitel näher eingegangen.

KAPITEL 5

LEBENSLEKTIONEN UND MEDITATIONEN

Wir alle sind während unserer Lebensreise auf der Suche nach der wahren Bestimmung unserer Seele – bewusst oder unbewusst. Wenn wir bereit sind zu erkunden, was in unserer Seele, im Herzen und im Geist verborgen liegt, können wir geistiges Wachstum erreichen. Das dient der Ganzwerdung, um erkennen zu können, wer wir sind und wozu wir hier sind. Alles im Leben hat eine Bestimmung und trägt einen tieferen Sinn in sich, dessen Früchte die Vollständigkeit des Göttlichen zum Ausdruck bringen können.

Deswegen sollten wir uns fragen, wieviel Göttlichkeit wir zurzeit kultivieren und wie weit diese gehen kann. Eine menschliche Seele kann dahin wachsen, Generationen von Menschen zu heilen und zu erleuchten. Wir sind alle aus dem gleichen Grund hier: als menschliche Wesen das zu realisieren, was Gott ist! Das bedeutet, Gott in unserer derzeitigen Inkarnation in unserem Leben wirklich werden zu lassen, da es außerhalb von Gott nichts gibt.

ER hat jedes Atom unserer Existenz erschaffen, dem Leben SEINEN Atem eingehaucht. ER wird zu allem, was manifestiert ist, in jeder Seele, die jemals existiert hat oder noch existieren wird. Alle Erfahrung und alles Wissen sind in IHM. Gott ist das, was hinter allem steht, alles enthält und in alles eingebunden ist. Er ist nicht getrennt von uns: ER ist unendlich, ewig und unsterblich – wie wir.

Wir sind spirituelle Wesen, die durch unser Menschsein lernen, vollständige geistige Wesen zu werden. Alles Sein ist von der göttlichen Liebe durchdrungen. Die menschliche Seele enthält etwas, was sonst, in der ganzen Natur, nicht vorkommt: den freien Willen. Das ist die Gnade der Liebe, aus der wir hervorgegangen sind und die wir in uns selbst entdecken müssen, damit wir uns befreien, um eins zu werden mit Gott. Wir sind hier, um unser göttliches Erbe zum Ausdruck zu bringen. Das ist der Sinn des Lebens und das Ziel der Reise.

Impulse der Seele können über die Intuition oder die innere Stimme empfangen werden. Viele Menschen sind sich weder ihrer geistigen Bestimmung noch der zur Verfügung stehenden seelischen Werkzeuge bewusst. Um diese inneren Welten selbst zu erkunden, ist eine einfache Meditation sehr hilfreich. Dadurch können wir die Erfahrung machen, Teil eines größeren Ganzen, einer Einheit im EINEN ungetrennten Geist, zu sein. Mögen Ihnen die folgenden Anregungen dabei behilflich sein, Ihrer inneren Wahrnehmung mehr zu vertrauen. Auf diesem Weg können sich auch Kontakte mit Verstorbenen herstellen lassen, die die Gewissheit vermitteln, dass es nicht nur ein Leben nach dem Tod gibt, sondern dass Gott reine Liebe ist und wirklich existiert.

Es folgt eine kleine Einstiegsmeditation. Sorgen Sie dafür, dass Sie ungestört sind. Setzen Sie sich in einen bequemen Sessel oder nehmen Sie eine Haltung ein, in der Sie sich wohlfühlen. Das Wichtigste ist immer, zur Ruhe zu kommen und die Gedanken loszulassen.

Grundmeditation

Lenke Deine Aufmerksamkeit auf den Körper. Schließe die Augen und atme bewusst tief ein und aus. Nimm bewusst Hände, Beine, Arme, Schultern und Knie wahr und beobachte entspannt den Fluss des Ewigen in Deinem Inneren.
Atme tief ein und aus. Denke an Dein Herz und stelle Dir vor, mit jedem Atemzug lichtvolle Energie einzuatmen. Beim Ausatmen verteilst Du diese Energie in Deinen gesamten Körper, in Deine Gedanken und Gefühle.
Fühle, wie sich die Energie über die Grenzen des Körpers in den Raum ausdehnt. Während Du weiter ruhig ein- und ausatmest, sage Dir in Gedanken: „Ich bin ein unbegrenztes Bewusstsein. Ich bin bereit, meine Wahrnehmung zu erweitern".
Erspüre, was in Dir geschieht. Dann atme tief ein und aus und öffne Deine Augen.
Diese kleine Meditation und deren Bilder können natürlich durch eigene Vorstellungen und Bilder ergänzt werden.
Um mit unserem Höheren Selbst in Kontakt zu kommen, hier eine weitere kleine Übung. Es geht dabei um das Erkennen unserer geistigen Wesensnatur.
Ziehe Dich an einen ruhigen Ort zurück.

Atme tief ein und aus.
Richte Deine Aufmerksamkeit
auf das Fließen des Atems.
Durch das bewusste Ein- und Ausatmen
spürst Du die Verbindung zum Göttlichen.
Das bringt Körper und Geist in Harmonie.

Atme tief ein und aus.
Spüre, wie sich Deine Herzfrequenz verändert

und Wärme Dich durchströmt.
Die Verbindung mit dem Höheren Selbst
stellt sich ein, wenn Du dazu bereit bist.
Du bist nun im wahren Kern Deiner Persönlichkeit:
Im Heiligen Herzen des Gottesfunkens in Dir.

Atme tief ein und aus.
Stelle eine beliebige Frage, um mit Deiner inneren Stimme in Kontakt zu treten.
Achte bewusst auf alle Impulse.
Siehst Du ein Bild, vernimmst Du ein Wort oder einen Satz?
Oder eine telepathische Botschaft?

Atme tief ein und aus.
Konzentriere Dich auf die bedingungslose Liebe,
die dich von innen nach außen durchströmt.
Ein Körperteil wird warm
und Du fühlst eine vertraute Präsenz,
die dich wiedererinnert an Dein ewiges Sein.

Atme tief ein und aus.
Liebe und Geborgenheit durchdringen Dich.
Vertraue auf dieses unwandelbare göttliche Ewige,
Dein Höheres Selbst,
dessen Liebesschwingung Dir nun bewusst wird.
SEINE Impulse begleiten Dich
Dein Leben lang und darüber hinaus.

Atme tief ein und aus.
Die Anbindung an die göttliche Quelle
ist das Vertrauen,
darin immer geborgen zu sein.
Hier erhältst Du Antworten

auf alle Fragen und weißt dann,
dass Du bedingungslos geliebt wirst.

Atme tief ein und aus.
Wenn Du jetzt in Deinem Körper
wieder zu Dir kommst,
bist Du bewusst mit dieser Gegenwart verbunden.
Atme tief ein und aus.
Und öffne langsam Deine Augen.

DIE REISE DER SEELE

Eine sich inkarnierende Seele begreift die Welt als Chance, Erfahrungen zu sammeln. Bei der Geburt wissen wir noch, dass wir eine unsterbliche Seele sind, die an den EINEN GEIST angebunden ist. In der materiellen Welt verliert sich dieses Bewusstsein. Wir erkennen die Einheit, aus der wir kommen und die wir ewiglich sind, nicht mehr, sondern empfinden uns als voneinander getrennte Körper. Viele vergessen, wer sie sind und warum sie sich inkarnieren wollten.

Es ist ein schwieriges Unterfangen, aus den irdischen Traumgebilden und Illusionen in die wahre Wirklichkeit der Liebe zu erwachen. Deswegen benötigen die Seelen viele Inkarnationen. In Wahrheit leben wir alle ein einziges Leben. Wir inkarnieren in die einzelnen Leben und bewegen uns wieder aus ihnen heraus. Als unsterbliches spirituelles Wesen leben wir ein einziges Leben kontinuierlich seit Ewigkeiten, ohne uns an die Vielfalt der unterschiedlichen Körperpersönlichkeiten zu erinnern.

Wir waren Mann oder Frau, reich oder arm, lebten in verschiedenen Rassen, Kulturen und Religionen. Das alles sind unterschiedliche Erfahrungen des einen Lebens, um die Bestimmung der Seele zu erfüllen. Nur durch die Erkenntnis, ein unsterbliches

Wesen zu sein, erwachsen Weisheit und Erlösung. In diesem Leben sind wir die Summe all unserer bisherigen Inkarnationen – der Zukunft, der Vergangenheit und dem Jetzt. Es geht aber einzig darum, wie wir auf die Herausforderungen des Jetzt reagieren.

Weisheit oder Erleuchtung gewinnen wir daraus, wie wir mit den Ereignissen des Lebens umgehen. Wir sind hier, um die Spaltungen, die aus der Gegensätzlichkeit erwachsen, zu überwinden, um nach dem Einssein mit Gott zu streben. Eine der größten Herausforderungen ist es, sich an die Liebe, die wir sind, wiederzuerinnern. Aus diesen Wiedererinnerungen, eine unsterbliche Seele zu sein, resultieren die Erinnerungen an frühere Leben von Kleinkindern.

Im nachfolgenden Beispiel handelt es sich um einen fünfjährigen Jungen, der seiner fassungslosen Mutter folgendes erzählte:

„Gott hat mich nicht zu Dir geschickt. Ich habe Dich ausgesucht. Bevor ich geboren wurde, als ich noch Geist war, habe ich mich entschieden, dass ich in diesem Leben Dich als Mutter haben will. Zuerst war es schwer, Dich zu finden. Als es Zeit wurde und ich Dich nicht finden konnte, habe ich mich fast entschlossen, als Kind einer anderen Person in Deutschland geboren zu werden. Ich bin sehr froh, dass ich Dich im letzten Moment doch noch gefunden habe und als Dein Kind geboren wurde.“[92]

Von unserer geistigen Essenz her sind wir bewusste spirituelle Wesen, die vor der Geburt und nach dem Tod mit einem freien Willen ausgestattet sind. Wir planen ein Drehbuch, in dem die Rollen anderer (Eltern, Partner, Freunde etc.) mit eingeschrieben sind. Wenn wir uns der Innenwelt zuwenden, kann die Kontinuität und Einheit des Lebens greifbar werden. Liebe zu sein und das Ungetrenntsein von Gott verweben die einzelnen Leben in ein einziges. Spirituelles Wachstum ist der Weg, die Bestimmung unseres Lebens zu erfüllen.

In der Planungssitzung für die kommende Geburt gibt es allgemeine Grundlagen, die aus folgenden Aspekten bestehen:

- Neigungen und Werte
- Seelenidentität der auszuformenden Persönlichkeit
- karmischer Ausgleich früherer Leben
- Vereinbarungen mit anderen Seelen
- Bedürfnisse und Wünsche
- Berücksichtigung der eigenen Stärken

Eine neue Inkarnation braucht viel Vorbereitung. Michael J. Tamura schreibt:

„Die lange Reise der menschlichen Seele beginnt in dem unendlichen, grenzenlosen Potenzial des Geistes. Und da es im Geist weder Raum noch Zeit gibt, kann es dort auch keine Erinnerungen, keine Konsequenzen, keine Verantwortung und keine Wachstumserfahrungen geben. Um die Ganzheit dessen, was wir Gott nennen, erfahren zu können, muss die Seele in die physische Dimension inkarnieren, in Zeit und Raum. Hier hat die Seele die Möglichkeit, Sterblichkeit, Verantwortung und die Ausübung des freien Willens zu erfahren.“[93]

Das menschliche Leben bietet durch die Dualität grenzenlose Möglichkeiten an Erfahrungen durch Lernen in Gegensätzen. Seelisch und geistig zu wachsen und lieben zu lernen, ist der einzige Weg, unsere Bestimmung zu erfüllen. Wenn wir das Geistige in uns nicht erkennen, ist es schwer, Lebenssinn zu entdecken oder zu verstehen, wer wir eigentlich sind. Wir verlieren uns in der Unberechenbarkeit des äußeren menschlichen Lebens. Der gespaltene Geist verliert sich in einem Gefühl der Ohnmacht, in Isolation, und psychische und physische Leiden entstehen, was mit dem Verlust an Lebenssinn und einem mangelnden Selbstwertgefühl einhergeht.

DAS ERKENNEN DER POLAREN GEGENSÄTZE

Das Polaritätsgesetz, dem wir im Leben unterworfen sind, ist wichtig, um durch Gegensätze Erfahrungen zu machen: Ausatmen braucht Einatmen, Krankheit kann sich nur in Gesundheit spiegeln, um als solche verstanden zu werden. Alles, was wir in der Welt vorfinden, hat zwei Pole: oben – unten, Frau – Mann, gut und böse, richtig oder falsch etc. Wir versuchen immer wieder, Ereignisse, Gedanken oder Menschen diesen Begriffspaaren zuzuordnen. Dualität setzt zwangsläufig die Existenz einer Einheit voraus. Die Zwei kann immer nur Folge der Eins sein.

Das menschliche Bewusstsein nimmt die Wirklichkeit der Einheit allen Seins nur polar wahr. Die große Mehrheit ignoriert das Polaritätsgesetz und stärkt dadurch die dunkle Seite des eigenen Wesens. Es ist das Ego des Menschen, das es unmöglich macht, Einheit oder Ganzheit zu erkennen. Unser Bewusstsein spaltet und zwingt die Wahrnehmung der äußeren Welt in Gegensatzpaare. Es ist der Egoverstand, der immer Recht haben will und nichts verändern möchte.

Das Loslassen von Gewohnheiten ist für viele Menschen das größte Problem. Dieses geistige Loslassen bezieht sich auf unser Selbstbild, auf persönliche Überzeugungen, unsere Konditionierungen und Glaubenssätze an scheinbaren Wahrheiten, an denen wir festhalten. Das ist der Kern des Loslassens. Erst, wenn Leid und schwierige äußere Umstände uns zwingen, den Gegebenheiten ins Auge zu sehen, fangen wir an, uns in der Not dem Höheren Selbst zuzuwenden. Wir wissen dann, dass Veränderungen in unserem Leben gefordert sind, da alte Wertesysteme oder Lebensentwürfe zusammenbrechen.

DAS EGO

Um Sinn und Ziel der Reise unserer Seele durch die polare Welt besser zu verstehen, ist es überaus wichtig, das Ego zu durchschauen, das sich mit dem Verstand identifiziert. Das Ego macht Identität an äußeren Dingen fest: an den Rollen, die wir spielen, an Macht, Ruhm und Geld. Wer den Verstand zum Maß aller Dinge erhebt, beschränkt sich auf die physische Welt und setzt sich mit ihr gleich, da die Unsterblichkeit der Seele und die Existenz einer höheren Macht verleugnet werden.

Das Ego sieht sich getrennt von Gott und begrenzt sich auf den Körper, auf die äußere Welt und die Wahrnehmungen der fünf Sinne. Durch die Trennung von Gott fühlt sich der Mensch nicht länger in ein größeres Ganzes eingebunden. Das ruft die Täuschung hervor, dass Leben nur in einem Körper möglich ist, und wir dieser Körper sind. Seele und Geist existieren nicht außerhalb davon. Das Ego macht sich von den äußeren Erscheinungen abhängig. Die materielle Welt in ihren äußeren Aspekten von Besitz, Titel, Ruhm und Einfluss füllt das Ego aus. Es ist abhängig von diesen äußeren Faktoren.

Wir erschaffen eine Scheinidentität, denn Sicherheit besteht nur dann, wenn die äußeren Bedürfnisse erfüllt werden. Wenn diese nicht erfüllt werden, entstehen Unsicherheit, Angst und Leid. Die Anhaftung an die vergängliche materielle Welt zieht automatisch Schmerz und Leid nach sich. Der tiefere Sinn der irdischen Inkarnation besteht darin, Egomuster zu durchschauen und aufzulösen.

Der Mensch versucht, seine angeborene Sehnsucht nach Liebe durch Habenwollen und seinen Mangel im Außen zu befriedigen. Wir lieben andere unter Bedingungen, dann, wenn unsere Wertvorstellungen geteilt werden. Wir ziehen uns zurück, sobald wir uns gekränkt fühlen, wenn wir kritisiert werden oder uns nicht länger geliebt fühlen. Die kleinste Unstimmigkeit ruft Wut hervor, deren Basis die Angst ist, jemand könnte uns verletzen oder schlecht machen.

Der grundlegende Mangel an Liebe führt in die Illusion des Getrenntseins von Gott und in die Illusion, das Ego zu sein. Wir sind aber geistige Wesen und können die Liebe durch das Geschenk des Höheren Selbst erleben und erfahren. Wir sind eine ewige Geistidentität und haben stets die Wahl zwischen Angst oder Liebe. Alles, was nicht Liebe ist, sind Projektionen des Egos. Das Ego spaltet, manipuliert sich und andere und ist den Gegensätzlichkeiten dieser Welt unterworfen.

Nur die Erfahrung, von der göttlichen Liebe getragen zu werden, verändert alle vorläufigen Sichtweisen, Erwartungen sowie Vorstellungen von Schuld und Scham und die Begrenztheit auf den Körper. Innerer Frieden und Geborgenheit stellen sich ein. Wer in der Liebe ist, benötigt kein begrenzendes Ego mehr, da alle Sehnsüchte, Wünsche und Begierden erfüllt sind. Das Göttliche in uns ist das Einzige, was wirklich zählt. Wer in die Liebe erwacht, befreit sich aus den Egospielen projizierter Erwartungen und den daraus entstehenden Konflikten und Auseinandersetzungen. Ein starkes Selbstwertgefühl und die Akzeptanz davon, wie man ist, sind die Folge.

Es ist eine der größten Herausforderungen unseres Lebens, das Ego aufzulösen. Der gespaltene Geist, der unbewusste Geist, projiziert die Wirklichkeit ins Außen der Welt und entscheidet sich für Angst und Angriff. Wir werden täglich durch die Zunahme globaler Krisen aller Art mit den Auswirkungen der Dualität der Egonatur konfrontiert.

Wer sich dem reinen Geist Gottes übergibt, überwindet die scheinbare Trennung und fühlt sich geliebt, geborgen und in Frieden.

Meditation: Die Illusionenen des Egos auflösen

Atme tief ein und aus.
Von unserem tiefsten Kern her
sind wir Liebe
und Geist von SEINEM Geist.
Spüre das höhere Sein,
das Dich atmen lässt.

Atme tief ein und aus.
Weder der Körper noch das Ego
sind das wahre Sein,
sondern das, was wir immer waren:
Eine ewige Geistidentität.
Wir sind in diesem Körper,
um die Erfahrung der Liebe zu machen.

Atme tief ein und aus.
Spüre die Befreiung,
wenn irdische Rollen oder Scheinidentitäten
von Dir abfallen und Du erkennst,
wie sehr Du geliebt wirst.
Das ist das Ende der Angst.

Atme tief ein und aus.
Fühle die Wärme,
die in Dir aufsteigt,

und die Liebe,
die Dich überflutet.
Du bist nicht länger von der Quelle getrennt.

Atme tief ein und aus.
Mache Dir bewusst,
wie weit Du Dich von Deinem
ursprünglichen Sein der Liebe entfernt hast
und welche Illusionen und Projektionen Du lebst,
durch das Habenwollen Deines Egos.

Atme tief ein und aus.
Spüre den sanften Wind der Erneuerung.
Du bist nicht länger Verstand und Ego,
sondern frei von allen Begrenzungen
des Alltagsbewusstseins,
das einen Käfig um Dich gespannt hat.

Atme tief ein und aus.
Du erkennst, wie frei Du bist,
und findest Freude und inneren Frieden.
Du bist ein unsterbliches Wesen
in der Liebe des EINEN.
Vertraue darauf, was sich Dir offenbart.
Atme tief ein und aus.
Und öffne langsam Deine Augen.

VERGEBUNG

Eine der wohl wichtigsten Lebenslektionen besteht darin, verzeihen zu können. Vergebung ist ein Akt der Liebe und führt uns in die Liebe, die wir sind. So können alte Wunden heilen. Und doch ist es für viele Menschen außerordentlich schwer, Vergebung zuzulassen. Eng verknüpft damit sind Schuldgefühle und Schuldprojektionen auf andere. Deswegen ist Vergebung für viele Menschen ein langwieriger Prozess. Noch schwerer ist es, sich selbst zu vergeben. Es ist möglich, dass ein anderer uns verzeiht, und doch können wir uns selbst nicht vergeben.

Unerledigte Dinge, Verletzungen, Wut und alter Schmerz sind nur durch Versöhnung zu bereinigen. Sonst bleiben wir durch Wut oder Schuldgefühle an andere gebunden, bis wir bereit sind, zu verzeihen. Das zeigt sich in aller Deutlichkeit im Sterbeprozess des Menschen. Die unerledigten Dinge treten an die Oberfläche des Bewusstseins. Sterbende können das Leben nicht eher loslassen, bis eine bestimmte Person, mit der sie noch was zu klären haben, gerufen wird, und eine Aussprache stattfinden kann.

Wenn der Sterbende weiß, das beispielsweise die verstoßene Tochter bereit ist, ein Gespräch zu führen und in zwei Tagen kommen wird, vermag so mancher sein Sterben anzuhalten, bis die Tochter da ist. So wichtig ist Aussöhnung! Wenn die Aussprache stattgefunden hat, kann der Sterbende in Frieden gehen.

Natürlich ist es wichtig, im Hier und Jetzt des Lebens Vergebungsarbeit zu leisten, damit sich Unerledigtes nicht aufstaut. Spätestens im Sterbeprozess kommt alles Verdrängte und Aufgeschobene mit Macht an die Oberfläche und wird bewusst.

Vergebung bedarf der Entscheidung, sich von alten Problemen befreien zu wollen. Wer sich aus freiem Willen dazu entscheidet, kann mit sich selbst ins Reine kommen: Hass, Groll, aufgestaute Wut oder Aggressionen lösen sich auf, und der Verzeihende findet seinen inneren Frieden wieder.

Während unseres Lebens werden wir verletzt und verletzen andere. Wir alle machen Fehler und sind fehlbar, jeder Einzelne von uns. Fehler gehören zur menschlichen Existenz. Wenn aber die eigene Schwäche verleugnet wird oder jemand glaubt, perfekt zu sein, lebt er in der ständigen Angst zu versagen. Nur im Annehmen der Dinge, wie sie sind, liegt die Kraft des Loslassens. Die meisten von uns kennen das Gefühl, sich die eigene Hölle zu erschaffen, wenn man nicht vergeben kann oder nachtragend ist. Diese Verhaltensweisen ziehen stets neue negative Gefühle ins Leben.

Wer sich seine Fehler oder das Unrecht, das er anderen angetan hat, durch Selbsterkenntnis eingesteht, wird daran wachsen, auch an Liebe und Mitgefühl. Der Umgang mit anderen wird leichter. Es ist nie zu spät, zu verzeihen und Vergebung anzunehmen. Wer verzeihen kann, macht die Erfahrung, sich aus den Gedankenkreisen seines Verletztwerdens befreien zu können.

Die Möglichkeit der Auflösung liegt darin, anzunehmen, was geschehen ist. Wir können eine Situation weder ungeschehen machen, noch können wir sie verändern. Der erste Schritt der Bereinigung ist immer, das Geschehene ohne Wenn und Aber zu akzeptieren.

Die Bandbreite negativer Gefühle, die auftreten können – Hass, Groll, Wut, Angst –, bindet uns an die Vergangenheit, bis wir vergeben können. Wir sollten uns bewusst machen, dass wir zu schwierigen Konflikten immer selbst beigetragen haben. Konflikte oder Beziehungsschwierigkeiten bedingen sich gegenseitig, und wir geraten nie völlig unschuldig in Streitereien oder langjährige Auseinandersetzungen.

Verzeihen bedeutet dabei keineswegs, dass wir das Unrecht, das uns andere angetan haben, gutheißen. Doch Liebe und Mitgefühl – auch für den Täter – vermögen beide Seiten zu heilen. Wir übernehmen die Eigenverantwortung für unser Tun und unser Leben. Wir haben die Wahl: emotionale Blockaden im Hier und Jetzt aufzulösen oder dieses auf später zu verschieben, bis wir sterben. Doch es bleibt keinem erspart, sich irgendwann mit dem Unerledigten auseinanderzusetzen. Verzeihen ist immer möglich, auch über den Tod hinaus. Deswegen wenden sich Verstorbene mit der Bitte um Vergebung an Angehörige. Es geht immer um Ausgleich.

Meditation: Vergebung

Atme tief ein uns aus.
Mache Dir die Situation bewusst,
in der Du verletzt worden bist,
und nimm sie an, wie sie war,
ohne zu beschönigen, ohne zu leugnen.

Atme tief ein und aus.
Alte Verletzungen binden uns an die Vergangenheit,
sofern wir nicht vergeben können.
Hülle Dich in Mitgefühl für Dich selbst ein,
da nur Liebe uns ganz und heil werden lässt.
Mache Dir bewusst, dass wir alle umfassend geliebt werden.

Atme tief ein uns aus.
Probleme, Konflikte, Beziehungsschwierigkeiten
bedingen einander.
Wir sind Opfer und Täter zugleich.
Versuche, den eigenen Anteil zu erkennen,
und vergib Dir selbst.

Atme tief ein und aus.
Vergebung hat mit Selbsterkenntnis zu tun.
Das erfordert Mitgefühl mit dem, der Dich verletzt hat.
Niemand verletzt andere bewusst, wenn er in seiner Mitte ist.
Jeder trägt seinen eigenen Schmerz, deswegen verurteile
andere nicht.

Atme tief ein und aus.
Lasse die alten Verletzungen los.
Öffne jetzt Deine Augen
und fühle die emotionale Erlösung.

ANGST ODER LIEBE?

Gemäß dem freien Willen gibt es zwei Emotionen, zwischen denen wir wählen können, wie wir auf die Herausforderungen des Lebens reagieren: Angst oder Liebe.

Angst

Eine der wichtigsten und schwierigsten Lebenslektionen ist der Umgang mit diffusen Ängsten, die jederzeit den freien und freudigen Lebensfluss beeinträchtigen können. Die primäre Urangst des Menschen, sozusagen die Mutter aller Ängste, ist die Angst vor dem Tod. Das ist verbunden mit der Befürchtung, ausgelöscht zu werden, sowie der Angst vor dem Ungewissen und Unfassbaren und möglichen Strafen.

Angst verursacht ein Gefühl der Ohnmacht, einen Kontrollverlust und ein Auflehnen gegen das Schicksal des Sterbensmüssens. Sie verhindert, sich dem Leben anzuvertrauen oder sich anderen gegenüber zu öffnen. Wir können davon ausgehen, dass ein Großteil der deutschen Bevölkerung gelegentlich unter Panikattacken oder Angststörungen leidet. Die Zahl an Angststörungen und daraus resultierenden psychischen Krisen stiegen während der Corona-Pandemie weiter an. Verstärkt wurden die Ängste der Bevölkerung durch die panikartige Berichterstattung in den Medien.

Das Körperbewusstsein spielt bei der Angst eine große Rolle. Alle Situationen, in denen Ängste entwickelt wurden, sind im Körper gespeichert und werden unter gegebenen Umständen reaktiviert. So werden viele von Phobien und Zwangsneurosen beherrscht, die das Leben zur Hölle werden lassen und sind ihren Ängsten hilflos ausgeliefert.

In der westlichen Welt glauben viele Menschen, dass wir der Körper sind und das Bewusstsein ein Nebenprodukt des Gehirns sei, welches sich durch den Tod endgültig auflöst. Das ist immer noch das vorherrschende wissenschaftliche Paradigma. Demnach ist der Mensch ein Zufallsprodukt der Evolution – geboren, um im Nichts zu versinken.

Wer das ein Leben lang glaubt, wird von erheblichen Widerständen und diffusen Ängsten heimgesucht werden, erst recht angesichts seines eigenen bevorstehenden Todes. Die Sterbeforschung der letzten 50 Jahre belegt in eindeutiger Weise, dass es ein Leben nach dem Tod gibt. Gott ist Liebe, und der Mensch ist keineswegs auf seinen Körper begrenzt. Die Angst vor dem Ungewissen ist Ausdruck eines fehlenden Vertrauens in etwas Größeres als man selbst. Eher glauben die Menschen an Strafe und Verdammnis nach dem Tod, selbst wenn sie Zeit Ihres Lebens gar nicht an Gott geglaubt haben.

Die Angst, sich selbst zu verlieren – bezogen auf den Sterbeprozess – geht einher mit der Angst vor Veränderung und Kontrollverlust. Tief im Innersten weiß jeder Mensch, dass ihm nichts widerfahren kann, da er geschützt und geborgen ist – und auch wenn das noch so sehr verleugnet wird: Kein Mensch ist jemals getrennt von Gott. Das zeigt sich in aller Deutlichkeit im Sterbeprozess, in dem das eigene höhere Selbst wiedererinnert wird. Dann weiß der Sterbende, dass er in einen höheren geistigen Sinnzusammenhang eingebunden ist. Er spürt eine transformierende, angstnehmende Energie der Liebe, die ihn in einen erweiterten Bewusstseinszustand katapultiert. Hier zeigt sich, dass Angst nur ein Durchgangspunkt zum Göttlichen ist, der zum Erwachen in die Liebe führt.

Solange wir vor uns selbst davonlaufen, also nicht erkennen wollen, wer wir in Wirklichkeit sind, können wir die diffusen Ängste und Phobien nicht auflösen. Es gibt keine Sicherheit gegen die Wechselfälle des Lebens. Wir scheuen jegliche Veränderungen und entwickeln Ängste vor Verlusten aller Art. Dadurch werden wir von einer Vielfalt unnatürlicher Ängste beherrscht: Negative Gefühle wie Wut, Zorn, Angst, Aggressionen oder Schuldgefühle setzen sich fest, statt dass sie zum Ausdruck gebracht werden.

Angst ist ein Schatten, der unser Leben blockiert, die Liebe, wahre Gefühle, das Glück, das ganze Sein. Machen wir uns daher bewusst, dass es nur zwei primäre Emotionen im Kern unseres Wesens gibt: Liebe oder Angst. Wir können diese beiden Emotionen nicht zusammen zur gleichen Zeit erfahren, da sie sich gegenseitig ausschließen. In der Angst sind wir nicht in der Liebe, in der Liebe gibt es keine Angst. Das ist die grundsätzliche Wahlmöglichkeit, wie wir auf die Herausforderungen unseres Lebens reagieren. Aus der Liebe strömen Zufriedenheit, Freude, Glück und Frieden. Aus der Angst kommen Hass, Sorge, Schuldgefühle, Wut. Ängste drehen sich um Vergangenheit oder Zukunft, aber nur Liebe existiert im Jetzt der Gegenwart.

Liebe

Wir alle wollen geliebt werden. Diese Sehnsucht ist tief in unserem Geist verankert. Als ewiges geistiges Wesen, das nie von Gott getrennt ist, sind wir von unserem Ursprung her Liebe. Gott ist Liebe und so wurden wir dereinst als SEIN Ebenbild erschaffen. In einer Welt der Illusionen, der Träume und der Leere ist Liebe die Quelle der Wahrheit, die einzige wahre Wirklichkeit, die alles in der Einheit des EINEN GEISTES miteinander verbindet. Wir sind die Liebe, die uns schuf. In den Irrungen der Welt haben wir das nur vergessen.

Nahtoderfahrungen bekräftigen stets aufs Neue, dass Gott Liebe ist – unveränderlich und ohne Urteil. Wir werden unsagbar geliebt! Wir sind hier, um Liebe zu leben und seelisch-geistig zu wachsen. Liebe zu verwirklichen ist das Ziel und der Sinn der irdischen Existenz, damit wir uns wiedererinnern, wer wir sind. Unabhängig davon, was wir je getan oder unterlassen haben, haben wir unsere wirkliche Heimat nie verlassen, da das Reich Gottes inwendig in uns ist.

Liebe spricht kein Urteil über sich und andere, noch spaltet sie in Dein und Mein. Liebe trennt nicht. Sie nimmt den anderen bedingungslos an, wie er ist. In der Liebe existiert keine Angst. Liebe ist Freude, Liebe, Geborgenheit in der Unendlichkeit des Seins. Sie ist unsere geistige Wesensnatur, wie auch die der ewigen Heimat. Liebe ist das einzige Geschenk im Leben, das man nicht verlieren kann, und die Quelle der Glückseligkeit. Die Energie der Liebe durchdringt alles Sein, verbindet uns und lebt in uns als göttlicher Funke der Lebenskraft.

Liebe ist die Quintessenz des Höheren Selbst. Viele Menschen haben nur vergessen, dass sie diese göttliche unveränderbare Liebe in sich tragen. Liebe ist in der Tat das Wichtigste in diesem Leben, worauf wir uns ausrichten sollten. Liebe ist der Kern all unserer Beziehungen, das Wesen der Kreativität und Gnade. Liebe lässt sich nicht im Außen finden, sondern ist ein Gut, das im Inneren des Menschen angelegt ist.

Der erste Schritt, um Liebe zu finden, ist die Selbstliebe. Wer sich selbst in seinem Dasein annehmen kann, wird dadurch liebesfähig. Doch machen wir uns nichts vor: Die reine göttliche Liebe, von der hier die Rede ist, ist auf der Erde schwer zu verwirklichen. Wir mögen noch so romantische Vorstellungen oder Ideale haben, doch früher oder später finden wir heraus, dass der Großteil der Liebe, die wir geben oder empfangen, bedingt ist.

Liebe beruht auf Erwartungen und Bedingungen, die oftmals leider nicht erfüllt werden. Romantische Illusionen zerbrechen leicht und führen in eine Reihe von Enttäuschungen. Wir erwachen in eine Welt ohne Liebe. Das Ganzheitliche und Allumfassende ist in der bedingten menschlichen Liebe schwer zu finden. Doch wir können die göttliche Liebe fühlen, da die Ganzheit, nach der wir uns sehnen, in uns ist – das Höhere Selbst. Wenn wir uns mehr der Innenwelt zuwenden, um in Kontakt mit der immerwährenden Liebe zu treten, können wir SEINE Präsenz fühlen. Wer diese Erfahrung auch nur einmal gemacht hat, wird sich der Sicherheit und Geborgenheit bewusst. Alles relevante geistige Wissen ist in unserer Innenwelt gespeichert.

Die meisten Menschen suchen Liebe in der Außenwelt bei anderen Menschen. Eines der größten Hindernisse für bedingungslose Liebe ist die Angst, dass Liebe nicht erwidert wird. Das Gefühl, das wir suchen, besteht im Geben und nicht im Empfangen. Liebe verströmt sich, ohne an Äußerlichkeiten gebunden zu sein. Wenn wir in der Liebe sind, verlieren wir alle Angst vor den Wechselfällen des Lebens.

Das ist das eigentliche Ziel der Erdenreise und des Seelenplans: Mitfühlend und liebevoll für andere da sein und den Krisen und Herausforderungen mit Liebe statt mit Angst, Hilfslosigkeit oder Wut zu begegnen. Wenn wir uns in schwierigen Situationen fragen würden, was die Liebe tun würde, könnten wir so manche Probleme sofort lösen. In der Liebe gibt es keine Angst, die stets nur das gesamte Negativspektrum an Gefühlen auslöst. Nur die Liebe heilt und ist unvergänglich. Die wahre Erfüllung, nach der wir uns sehnen, liegt in uns. Wenn wir mehr aus dem Herzen heraus leben würden, könnten wir das Paradies auf Erden schaffen.

DIE ILLUSION DER SCHULDGEFÜHLE

Wenn wir uns dem Leben nicht anvertrauen können, entwickeln wir vielfältige Ängste vor den Wechselfällen des Lebens. Wir lassen keine Veränderungen zu und entwickeln Ängste vor Verlusten jeder Art. Diese sind allerdings Teil des menschlichen Lebens, da alles Leben auf der Erde der Vergänglichkeit unterworfen ist. Negative Gefühle wie Wut, Zorn und Schuld werden verdrängt, statt dass sie zum Ausdruck gebracht werden, um sie dann loslassen zu können.

Die Angst vor dem Tod, vor Krankheiten, vor Einsamkeit, davor, nicht geliebt zu werden, Sorgen um die Zukunft, Angst vor Versagen oder davor, was andere von uns denken, hindern uns daran, glücklich und zufrieden zu leben. Wir fühlen uns schuldig und bestrafen uns für das, was wir glauben, getan zu haben.

In Wirklichkeit, und das kann nicht oft genug gesagt werden, gibt es keine Schuld, da wir von unserem geistigen Wesen her vollkommen und unschuldig sind. Ich lade keine Schuld auf mich, wenn ich im Augenblick des Todes eines geliebten Menschen nicht anwesend bin. Zu glauben, dass die Anwesenheit etwas verändert hätte, hat nur mit dem Was-wäre-wenn-Denken zu tun. Das Sterben geschieht immer so, wie es sein soll. Darüber gibt es keine Kontrolle.

Viele Menschen glauben, dass wir uns durch falsches Handeln von Gott getrennt haben. Deswegen fürchten sich viele vor Gott und fühlen sich schuldig, was wiederum Gefühle des Versagens und der eigenen Wertlosigkeit bis hin zu Selbsthass auslöst. Dahinter steht ein Mangel an Selbstakzeptanz. Solange wir über andere urteilen, verurteilen wir uns nur selbst. Wir fühlen uns schuldig und können uns selbst nicht annehmen.

Das Gefühl von Schuld und Versagen ist der Urgrund der Angst vor dem Tod, vor dem Unbekannten, vor Gericht und Strafe nach dem Tod. Diese dualen Vorstellungen lassen sich nicht in Einklang bringen mit der göttlichen Liebe. Es sind Versuche des Egos, alle Lebensäußerungen zu kontrollieren und zu beherrschen. Das Ego besteht aus Schuld, Habenwollen, Trennung, Besonderheit, vielfältigen Bedürfnissen und Angst. Da viele die Anbindung an ihren göttlichen Kern verloren haben, entstehen Schuld und Bedürfnisse. Um das zu verschleiern, reagieren wir mit Schuldzuweisungen an andere.

Konflikte, schmerzhafte Emotionen oder unerledigte Dinge lassen Schuldgefühle entstehen. Solange aber Schuld regiert, können wir uns nicht so annehmen, wie wir sind, und können uns nicht selbst lieben. Jeder Angriff, jedes ungute Gefühl und jedes Urteil ist schuldbesetzt.

Die Befreiung und Heilung von Schuld erfordern, all unsere negativen Gedanken über uns selbst und anderen gegenüber bewusst zu machen. Hinter Schuldzuweisungen liegt immer eigene Schuld vergraben, die mit Familien- und Beziehungsthemen zu tun hat. Jeder Verlust und jeder Beziehungsabbruch geht mit Schuld einher. Familienmuster sind von unbewusster Schuld durchzogen, gegen die wir uns in der Kindheit aber nicht wehren konnten.

Wenn wir bereit sind, die Verantwortung für unsere Leben zu übernehmen, können eigene Fehler angenommen und berichtigt werden. Nur Liebe heilt Missverständnisse, da Schuld eine Illusion ist. Schuld verurteilt, bestraft und erzeugt Angst. Eigenverantwortung befreit. Wir können uns nur durch eine Entscheidung von Schuld und Angst befreien: Indem wir Liebe wählen.

Meditation: Befreiung von Schuld

Atme tief ein und aus.
Schließe die Augen und spüre,
wie du beim Atmen völlig entspannst.
Konzentriere Dich auf dein Heiliges Herz,
und nimm die innewohnende bedingungslose Liebe wahr.

Atme tief ein und aus.
Spüre, wie die Liebe Dich heilt,
wenn Dir die Illusionen Deiner Schuld bewusst werden.
Innerer Frieden erfüllt Dich,
durch die Übernahme der Verantwortung für Dein Leben.

Atme tief ein und aus.
Angriffe und Urteile sind schuldbesetzt.
Betrachte in Liebe alle negativen Gedanken,
die in Dir aufsteigen.
Vertraue Deiner inneren Stimme, die dich immer begleitet.

Atme tief ein und aus.
Deine Intuition kann das Ego überlisten.
Wenn Du die Verantwortung für Dein Leben übernimmst,
befreist Du Dich aus den Abgründen der Schuld
durch die Entscheidung für die Liebe.

Atme tief ein und aus.
Nun öffne langsam Deine Augen
und fühle den Frieden Deiner Schuldlosigkeit.

DAS AUFGEBEN VON URTEILEN

Verurteilung ist eine Form des Angriffs. Aus der Angst heraus, einen Fehler gemacht zu haben, und auf Grund eines mangelnden Selbstwertgefühls projizieren wir eigene Schuldgefühle auf andere. Wer die eigenen Schatten nicht bei sich selbst erkennen will, sucht den Schatten unbewusst im Spiegel einer anderen Person. Wenn wir bereit sind, eigene Unzulänglichkeiten anzuschauen und anzunehmen, können wir das ständige Urteilen auflösen.

Wir sind eine äußerst gespaltene Gesellschaft, in der wir (auch durch die Medien) ständig aufgefordert werden, Dinge oder andere Menschen zu beurteilen: Ist dieses oder jenes richtig oder falsch, darf ich das tun oder nicht.

Andere zu beschuldigen, anzuklagen oder zu verurteilen ist immer mit einem Sündenbock verbunden, der für das eigene Versagen verantwortlich gemacht wird. Was immer auch geschehen mag, ob hereinbrechende Naturkatastrophen oder Unfälle jeder Art, wir glauben stets, dass irgendwer doch schuld sein muss. Aber es sind reine Ego-Spiele, sich der eigenen Verantwortung zu entziehen.

Kenneth Wapnick schreibt in der Einführung zum „Kurs in Wundern“:

„Jeder Ausdruck von Ärger – ganz gleich, ob er die Form einer leichten Verärgerung oder einer heftigen Wut annimmt ... – stellt immer einen Versuch dar, die Projektion unserer Schuld zu rechtfertigen, egal, was die Ursache unseres Ärgers zu sein scheint. Das Bedürfnis, unsere Schuld zu projizieren, ist der eigentliche Grund allen Ärgers. Sie müssen mit dem, was andere Menschen sagen oder tun, nicht übereinstimmen, aber in dem Augenblick, da Sie innerlich eine Reaktion von Ärger, Urteil oder Kritik spüren, kommt diese stets daher, dass Sie in dem anderen etwas sehen, das Sie in sich selbst verleugnet haben.“[94]

Was immer in der Welt auch geschehen mag – es wird nur nach Schuld gefragt. Wir werden dazu aufgerufen – und das ist schon weitgehend manipulativ – über andere zu richten und zu urteilen, ohne die Hintergründe eines Geschehens oder die schicksalsmäßige Bedeutung für die Betroffenen zu kennen.

Eine Frau verursachte einen Unfall, bei dem ein Kind ums Leben kam. Es bestand keinerlei Tötungsabsicht. Die Frau muss mit dem Geschehen und seinen Folgen ein Leben lang fertig werden. Und doch wurde sie öffentlich an den Pranger gestellt und verurteilt. Wenn wir es recht bedenken, kann jedem Autofahrer so etwas widerfahren.

Durch Urteilen machen wir andere zur Projektionsfläche des eigenen Schattens. Als Menschen neigen wir dazu, eigene Defizite stets im anderen zu erkennen. Das Gefühl, einen Fehler gemacht zu haben, führt zu Schuldgefühlen, die nur dann geheilt werden können, wenn wir sie der göttlichen Liebe übergeben. Geistig gesehen gibt es keine Schuld, da wir von Gott niemals verurteilt werden, selbst aber davon ausgehen.

Verurteilung hingegen ist eine Form von Aggression. Gewalt beginnt in unserem Geist und in unserem Herzen. Nur absichtslose Liebe für sich und andere kann Heilung bringen.

Wann immer wir mit Aggression reagieren und den anderen verurteilen, kommt es zu Angriffen. Bevor Gedanken zu Worten und Taten werden, können wir durch Bewusstmachung Wut und Aggression in unserem Inneren beenden. Dann können wir vergeben. Urteile aber beziehen sich immer auf uns selbst, und ihre Erkenntnis zeigt uns, wo unsere Schwachstellen liegen. Würden wir uns geborgen und in Frieden oder beschützt fühlen, würden wir nicht urteilen.

Hinter jeder Projektion auf andere stehen Angst und Scham, da wir mit altem Schmerz und Verletzungen in Berührung kommen. Dahinter steht ein Gefühl von Minderwertigkeit, da Urteile ihre Wurzeln in den eigenen Gedanken haben. Wenn wir die Verantwortung für den alten Ballast übernehmen, können wir Urteile schon im Moment ihrer Entstehung erkennen. Verurteilung, die andere verletzt, ist ein deutliches Zeichen dafür, dass wir nicht in der Liebe sind. Angst, Neid, Missgunst, Häme und Verurteilung sind Ausdruck des Egos, in dem keine Liebe ist. Nur durch Bewusstwerdung können wir uns von Urteilen befreien, um uns selbst und andere befrieden zu können.

Meditation: Die eigenen Urteile durchschauen

Atme tief ein und aus.
Wir verurteilen andere für das, was wir in uns ablehnen.
Schaue Deinen Urteilen offen ins Gesicht.
Und nimm sie voll Mitgefühl für Dich an,
statt sie auf jemand anderen zu projizieren.

Atme tief ein und aus.
Fühle, wie alter Schmerz hinter Deinen Urteilen aufsteigt.

Nimm ihn und Deine Verletzungen an
und vergib Dir selbst.
Alles ist ein Schrei nach Liebe und Akzeptanz.

Atme tief ein und aus.
Werde Dir Deiner Urteile bewusst
und bestrafe Dich nicht dafür.
Wir alle urteilen ständig,
doch spüre die Angst, die dahinter liegt.

Atme tief ein und aus.
Blicke in die Tiefen Deines Bewusstseins
und erkenne die vielen Schichten von Urteilen,
das beständige Bewerten von Menschen und Situationen.
Das gibt Aufschluss darüber, wie Du in Wirklichkeit denkst.

Atme tief ein und aus.
Mache Dir keine Vorwürfe
für all die wertenden Urteile.
Werde Dir einfach Deiner Urteile bewusst
und behandle sie mit Mitgefühl.

Atme tief ein und aus.
Der Prozess der Beobachtung
der eigenen Gedanken
lässt sie ganz und heil werden.
Du erkennst, was hinter Deinem Urteilen liegt.

Atme tief ein und aus.
Und öffne langsam Deine Augen.
Dir ist bewusst,
dass die Verurteilung anderer
nichts als eine Projektion Deiner Ängste ist.

KAPITEL 6

CORONA ALS MENSCHHEITSKARMA

Seit Anfang 2020 hält uns die Corona-Pandemie global in Atem. Die ganze Welt wird gleichzeitig von einem Virus bedroht, das schon zahlreiche Todesopfer gefordert hat. Es stellt sich die Frage, welcher tiefere Sinn sich dahinter verbirgt.

Die Corona-Pandemie macht uns alle gleich, da die gesamte Menschheit davon betroffen ist. Wir leben in einer äußerst gespaltenen Welt der Polarität von Gut oder Böse, Richtig oder Falsch. Angesichts der Pandemie haben sich die Spaltungen zwischen den Menschen verstärkt, z. B. Impfgegner gegen Geimpfte und umgekehrt, Querdenker-Demos oder Verschwörungstheorien jeder Art. Es hat sich gezeigt, wie wenig solidarisch die Weltgemeinschaft sich den Herausforderungen gegenüber verhält. Den meisten Menschen ist nicht bewusst, dass sie im großen Ganzen des EINEN Geistes Gottes niemals voneinander getrennt sind, sondern eins sind. Wir sind offensichtlich nicht in der Liebe.

Stattdessen werden Landesgrenzen gesperrt und Reiseverbote erteilt. Wir grenzen aus – statt gemeinsam eine Strategie zu entwickeln. In der Dunkelheit des waltenden Ego-Verstandes eines jeden gegen jeden haben wir den tieferen Sinn des Geschehens verkannt.

Covid-19 ist ein Spiegel der irdischen Wirklichkeit des überbordenden Materialismus, eine geistige, letztlich von uns selbst erzeugte negative Gedankenkraft, als Ausdruck unserer negativen Sichtweisen und Gedanken, die in der Leugnung eines höheren Sinnzusammenhangs besteht. Letztlich werden wir gezwungen, uns auf uns selbst zu besinnen: darauf, wer wir sind.

In den Zeiten der Corona-Pandemie erleben wir globale und persönliche Verunsicherungen, die ein Nährboden sind für Verschwörungsmythen. Wir suchen im Außen Schuldige für die eigenen Krisen und die der Welt, ob in Deutschland, in Europa oder den sozialen Netzwerken. Mal werden Politiker oder Ärzte beschuldigt, oder es sind Journalisten, Juden, Muslime, die zur Zielscheibe werden. Häufig findet sich das jahrhundertealte Feindbild einer jüdischen Weltverschwörung in den abstrusen Verschwörungstheorien.

Die Entstehung des Virus, ob durch einen Laborunfall oder durch die Verbreitung über Tiere, spielt eine untergeordnete Rolle. Das Wissen über die Entstehung bringt uns ebenso wenig weiter wie durch Verschwörungstheorien irgendwelche Personen zu Sündenböcken zu erheben.

Krankheiten, Krisen und Verluste sind Herausforderungen, die uns das Leben stellt. Sie sind ein unbewusstes Streben nach innerer Reife. Wenn wir eigenverantwortlich und bewusst nach Erkenntnis streben, können wir erkennen, dass unsere negativen, materialistisch geprägten Gedanken kollektiv das Corona-Virus erschaffen haben, um daran zu wachsen.

Judith von Halle, eine versierte anthroposophische Geisteswissenschaftlerin, schreibt über die Ursache der Pandemie:

„Die Ursache besteht nach meiner Erkenntnis im Materialismus, der über die ganze Erde ausgebreitet ist, und zwar speziell in der gegenwärtig dominierenden materialistischen Gedankenart der Menschen.“

Wenig später schreibt sie:

„Es steht natürlich außer Frage, dass jene, ahrimanischen Inspirationen (d.h. geistige Gegenkräfte), welche sich in der digitalen Vernetzung in der Informations-Globalisierung manifestieren, die Ausbreitung des Gedanken-Materialismus in einer pandemischen Weise erst möglich gemacht haben. Entsprechend global und blitzartig, unkontrolliert breitet sich auch der materielle Abkömmling dieses Gedanken-Materialismus aus: das Corona-Virus.“[95]

Reinkarnationsforscher wie auch Rückführungstherapeuten haben durch ihre Studien herausgefunden, dass sich Seelen seit Anfang des 20. Jahrhunderts immer häufiger reinkarniert haben. Das hängt nicht zuletzt mit den beiden Weltkriegen zusammen, die Abermillionen Menschen das Leben gekostet haben. Dabei geht es natürlich um den Karmaausgleich der im Seelenplan oder in der Seele gespeicherten Lebensaufgabe. Opfer und Täter stehen sich, ohne sich dessen bewusst zu sein, im nächsten Leben in anderen Rollen und Lebensentwürfen gegenüber.

Das Ziel einer Inkarnation für den Einzelnen ist es, vollständig in die Liebe zu erwachen, zu erkennen, dass Gott überall ist und wir von ihm nie getrennt sind. Wir haben die wahre Wirklichkeit des EINEN GEISTES nie verlassen, da Gott in uns lebt als göttlicher Funke in der Seele. Genau das hat aber ein großer Teil der Menschheit vergessen und verdrängt. Wir haben alles materiell Sichtbare, Anfassbare, Überprüfbare zum Götzen des Materialismus erhoben. Das hat dazu geführt, dass viele Menschen glauben, der Körper zu sein, da sie das Unsichtbare und das Walten des Heiligen Geistes nicht mehr wahrnehmen.

Diese unsichtbaren Kräfte sind aber sehr präsent und versuchen, uns auf unserem Lebensweg durch Intuition oder die innere Stimme zu unterstützen. Das Leben – oder das, was dafür gehalten wird, – hat sich im 20. Jahrhundert immer mehr ins Außen verlagert, nicht zuletzt durch die Ego-Identifikation, die jeglichen Sinn verleugnet. Das heißt, dass die gesamte jetzt inkarnierte Menschheit schon in früheren Leben eine Trennung von Gott vollzogen hat und zu der Ausbreitung des Materialismus beigetragen hat.

Der Seelenplan, den jeder innerseelisch in sich trägt, kann nur dann erfasst werden, wenn wir uns durch Ruhe und Stille der Innenwelt zuwenden. Im tiefsten Kern des Menschen ist alles Bewusste, Unbewusste, aber auch alles Überbewusste gespeichert und abrufbar. Als ewige geistige Wesen geht es in einer Inkarnation darum, zu erkennen, wer wir sind.

Die Corona-Pandemie hat viele Menschen in Angst und Schrecken versetzt, Panikattacken ausgelöst und psychische Krisen vervielfacht. Damit verbunden ist die Angst, an dem Virus sterben zu können. Wenn wir wahrhaftig im Einklang mit der geistigen Welt leben würden und erkannt hätten, dass der Tod nicht das Schlimmste ist, was uns widerfahren kann, könnte die Angst durch seelische und geistige Weiterentwicklung aufgehoben werden. In der irdischen Wirklichkeit jedoch erschrecken die Menschen beim bloßen Gedanken an Krankheit und Tod.

Die Seele ist unsterblich, wie es in diesem Buch durch Nahtoderfahrungen, Reinkarnation, Karma und den Seelenplan aufgezeigt wurde. Wenn wir uns des inwendigen Geistwesens bewusst werden, könnten wir im Frieden mit uns sein, auch angesichts der Vergänglichkeit allen irdischen Strebens. Unsere Seele ist ewig.

Seit vielen Jahren erleben wir immer dichter werdende Transformationswellen. Auch die Corona-Pandemie ist neben dem Klimawandel, der uns durch übermäßige Hitze, Dürre oder Flutkatastrophen vor immer größer werdende Herausforderungen stellt, ein Weckruf. Die Natur und auch die Tierwelt schreien nach Ausgleich für das, was die Menschen ihnen in den vergangenen 150 Jahren angetan haben: Dies ist ein weiterer globaler Aspekt der sich gegenwärtig an allen möglichen Stellen zeigenden Konfrontation mit dem Menschheits-Karma.

Die Herausforderungen, die der Menschheit als Ganzes gestellt werden, betreffen jeden Einzelnen. Es ist zu befürchten, dass es in den nächsten Jahren noch viel schlimmer wird.

Die Covid-Pandemie ist eine weltweite Krise, auf die wir Menschen innerhalb von Phasen reagieren. So hat es Elisabeth Kübler-Ross schon vor 50 Jahren angesichts von Sterben und Tod oder Verlusten jeder Art beschrieben. Die erste Phase des Nichtwahrhabenwollens ist eine Abwehrreaktion. Die Gefahr wird verharmlost, wie wir es auch zu Beginn der Corona-Krise erleben mussten. In der zweiten Phase zeigen sich Wut und Hilflosigkeit. Es folgt das Verhandeln mit dem Schicksal. Die vierte Phase ist Depression. Wie nie zuvor hat Covid-19 einen Anstieg von Depressionen und psychischen Krisen jeder Art hervorgebracht. Auch die Angst vor dem Tod spielt eine gewichtige Rolle. Das alles führt letztlich in ein Annehmenkönnen, in die Akzeptanz, dass wir keine Kontrolle über das Virus haben. Das Ende der Pandemie ist offen. Die Frage bleibt, was wir daraus lernen. Nur mit Mut, Kraft und Zuversicht lässt sich die Krise bewältigen.

Wir sind aufgerufen, hinter die Fassade der materiellen Welt zu schauen und unser Bewusstsein zu erweitern. Dann erkennen wir, dass wir nicht der Körper oder das kleine Erden-Ich, sondern in Wirklichkeit unsterblich sind. Dauerhafte Zufriedenheit ist durch reinen Konsum, durch das Handy oder Smartphone, durch die Digitalisierung aller Lebensbereiche oder durch Haus und Hof oder modische Kleidung nicht gegeben. In Wirklichkeit fördern wir nur ein Suchtpotenzial als Ersatz für Liebe. Mit Geld können wir nicht alles kaufen, schon gar nicht Gesundheit oder Liebe.

Corona ist ein Augenöffner, auf der individuellen wie auf der kollektiven Ebene. Hier soll Karma aufgelöst werden, das jeden Einzelnen betrifft, da wir uns alle auf diesem Planeten unzählige Male inkarniert haben und zu den schwerwiegenden Folgen des Materialismus, des Atheismus sowie der Ausbeutung der Erde beigetragen haben.

Ich möchte an dieser Stelle einige Aussagen von Gregory zu diesem Themenbereich vorstellen. Seit nunmehr 15 Jahren ist Gregory eine geistige Quelle der Inspiration und der Liebe.

„Alles Sein ist ein ewiges Werden, ohne Anfang, ohne Ende, durchflutet vom Licht, das Euch erhebt in die Erhabenheit der Ebenbildlichkeit. Das Werden der Menschheit ist ein Prozess der Bewusstwerdung der inneren schöpferischen Kräfte, der Potenziale der Innenwelt durch das erwachende Christus-Bewusstsein.

Viele haben den inneren Weg verlassen und sich nicht ihrem Höheren Selbst hingegeben, um die Antworten auf die drängenden Probleme des Umsichgreifens von Angst, Nöten, Einsamkeit oder Sinnlosigkeitsgefühlen zu finden. Die Fülle der Kraft des EINEN Geistes wurde durch den Mangel an Liebe ersetzt. Ihr habt vergessen, dass SEINE Liebe die einzige heilende Kraft ist, die Frieden und Geborgenheit schenkt.

Das Menschheitskarma aller Zeiten kulminiert in diesen Tagen der Bedrohung durch die globale Corona-Krise. Macht Euch bewusst, dass jede Seele, die in diesen Zeiten inkarniert ist, und weswegen so viele Menschen wie nie zuvor auf der Erde weilen, darin begründet ist, dass die Seelen sich diesen Herausforderungen stellen wollten, damit sie zum Erwachen in die Liebe beitragen können.

Unzählige Male ist die einzelne Seele durch Geburt, Tod und Wiedergeburt gegangen, war sich aber ihres angehäuften Menschheitskarmas nicht bewusst, weder durch die Weltkriege und Massenvernichtungen noch durch Gewalt und Unterdrückung in den Jahrtausenden der menschlichen Existenz, da sie ihren geistigen Kern nicht mehr erinnerte.

Genau das aber ist der Sinn des Erwachens: Zu verstehen, dass alles einem höheren Zweck dient, selbst der Ausfluss kollektiver negativer Gedankenkreise, um den Menschen bewusst zu machen, dass sie nie von Gott getrennt sind. Das kollektive Erwachen hat die Gegenkräfte in Form des materiell gewordenen Corona-Virus auf den Plan gerufen, das die gesamte Menschheit auf sich selbst zurückwirft und noch die Durchdringung karmischer Verflechtungen erfordert, die im Innersten der Seele gespeichert sind. Alles geschieht zu seiner Zeit und nichts bleibt dem Zufall überlassen, selbst wenn der einzelne Mensch von seinem Seelenplan abgewichen ist oder ihm gänzlich die Wahrnehmung für die innewohnenden Seelenkräfte fehlt.

Alle Erfahrungen, die der Mensch mit anderen Menschen macht – positiv wie negativ –, sind in letzter Konsequenz Fügungen, die vorausgeplant sind. Durch einen winzigen Zuspruch in einer kurzen Begegnung, und sei es ein liebevolles Lächeln, tragt Ihr zum Fortschritt aller bei, da es in Wirklichkeit nur ein Wesen gibt, von dem Ihr ein Teil seid.

Die grauen Mauern, die Ihr vor Eurem Herzen errichtet habt, lenken das Bewusstsein einzig auf die irdische Realität, die Ihr durch Eure irdischen Sinne wahrnehmt. Das stille, und doch wogende, Euch durchdringende Herzbewusstsein der Liebe ist die tiefste Sehnsucht nach Frieden und Geborgenheit, die jedem

Menschen innewohnt und die die Sehnsucht nach dem Licht des ewigen Lebens beinhaltet.

In dieser apokalyptischen Epoche sind viele blind geworden für ihren Seelenplan. Der materialistische Gegengeist gegen die implantierte Liebe im Menschen offenbart sich in zunehmenden Gewalttätigkeiten, in der sich ausbreitenden Angst vor dem Leben und vor dem Tod, da dieser von vielen als das Ende seines Seins angesehen wird. Nur durch Liebe, Selbstliebe und Mitgefühl könnt Ihr die grauen Mauern niederreißen. Ihr könnt den göttlichen Lebensfunken spüren, wenn Ihr mehr in Euch hereinhorcht. Ihr werdet gewahr, dass das Transformationsgeschehen in die Erlösung und Auflösung des Menschheitskarmas führt, wie auch das Karma des Einzelnen. Was sich jetzt manifestiert, ist der Augenblick, in dem Ihr mit der tiefsten Wahrheit, wer Ihr seid, konfrontiert werdet. Schon vor vielen Jahren habe ich, Gregory, Euch auf dieses Wandlungsgeschehen hingewiesen.

Trotz weltweit eskalierender Infektionszahlen wird der Ernst der Lage weder von Euren Politikern noch von der Bevölkerung wirklich erkannt. Es sind die manifestierten Gegenkräfte des Bösen in Form des Corona-Virus, um Euch das aufgestaute Menschheitskarma der Jahrtausende bewusst zu machen und aufzulösen. Ihr wart schon öfter hier, was viele vergessen haben. Durch Widerstand und Aggression erschafft Ihr nur neues Karma. Nur durch absolutes Gottvertrauen kann der frische Wind des Heiligen Geistes den zementierten materiell geprägten Verstand des Menschen erneuern und erlösen.

Das Schlüsselwort ist Liebe: das Annehmen der Dinge, wie sie sind, das Loslassen von Urteilen und das Erkennen davon, wer Ihr seid. Nur in der gnadenvollen Gemeinschaft mit Eurem Ursprung, der Quelle allen Seins, wird das kollektive Erwachen in die Liebe möglich. Solange Angst und Panik vorherrschen, werdet Ihr weder Frieden finden, noch könnt Ihr Euch vor Euch selbst schützen.

Durchdringt bewusst und in Liebe das globale Geschehen, und Ihr werdet erkennen, dass ein nie da gewesener Wandel, eine Transformation des Menschheitsegokarmas begonnen hat, das Euch die Augen für die wahre Wirklichkeit öffnen wird. All das ist in die Seelenpläne der gesamten Menschheit eingraviert, ebenso wie die Sehnsucht nach Frieden, Liebe und Erlösung.

In diesen dunklen Tagen öffnet Euer Herz, geht in Euch, in Euer innerstes Heiligtum und bittet Gott, Euch vom Übel entarteter Negativität zu befreien. Nur die Liebe heilt Euch, und darauf könnt Ihr bauen. Gregory liebt Euch! Seid Vorübergehende und haltet Euch an nichts fest.

Ihr seid aus dem Alltag gefallen, aber auch aus dem Vertrauen in das inwendige Gottesreich. Durch die Nichtbeachtung des Heiligen Geistes, der in Euch wirkt, ist die Menschheit durch die globale Corona-Krise in Angst und Panik geraten. Auf einer tieferen Ebene zeigt sich, dass sich die Angst vor dem Tod manifestiert hat. Die Menschheit glaubt immer noch, Sterben und Tod kontrollieren zu können bzw. verhindern zu können.

Da kein Tod zufällig ist und immer in Übereinstimmung mit der Seele geschieht, werdet Ihr weder das ewige Leben in einem biologischen Körper erschaffen, noch, wenn die Zeit gekommen ist, den Tod verhindern können, da er den geistig göttlichen Gesetzen unterliegt. Im Angesicht des Virus seid Ihr aufgerufen, Euch auf Euch selbst zu besinnen. Der Tod ist nicht das Schlimmste, was Euch widerfahren kann – er ist die zentralste und vielleicht die schönste Erfahrung Eures Lebens, da er Euch von den Begrenzungen des Körpers befreit und Euch in eine nie gekannte Freiheit und Bewusstseinskontinuität katapultiert.

In dem Moment, in dem sich das Seelenbewusstsein außerhalb des Körpers befindet, überschreitet Ihr eine Schwelle in Eurem Geist und erinnert Euch wieder daran, dass Ihr immer schon existiert habt und in Gott seid. Dieses Wissen habt Ihr lediglich vergessen. Das immense inwendige Potenzial an Schöpferkraft wird vergessen, wenn Ihr das Leben in die äußere Welt verlagert. Die Entschleunigung, die durch den Lockdown erfolgt ist, kann dafür genutzt werden, sich meditativ dem geistigen Wissen in Eurer Innenwelt zuzuwenden.

Statt Angst und Panik spürt das Wirken des Heiligen Geistes in Euch. Wer dieser Präsenz vertraut, erlebt Erlösung und Befreiung von allem. Überschreitet die Schwelle des Unsichtbaren, preist Gott in allem Sein und erkennt SEINE immerwährende Liebe.

Es gibt eine Schwelle in Eurem Geist, in Eurem Bewusstsein, die überschritten werden muss, um den Zugang zur geistigen Welt zu finden. Das hat auch damit zu tun, fühlen zu können. Das Licht des Ewigen durchdringt alles Leben, alle Universen.

Im Nebel der weltlichen Illusionen konnte die pulsierende Präsenz des Lichtes nicht wahrgenommen werden. In dieser Zeit der weltweiten Transformation, die schon lange im Gang ist, und in der es um das kollektive Erwachen der Menschheit durch Auflösung des Menschheitskarmas geht, steht Ihr im Angesicht der globalen Corona-Krise vor den Scherben Eures bisher gewohnten Lebens.

Einsam geworden, isoliert durch Kontaktbeschränkungen und Reiseverbote ohne Ausgleich, ohne Kompensation, seid Ihr mit Euch selbst konfrontiert. Statt sich der Innenwelt zuzuwenden, die Antworten auf alle Fragen bereithält, fallen viele in Angst und Panik und blockieren dadurch die persönliche Sinnsuche.

Blind ist der Spiegel, wenn er nicht gereinigt wird, wenn die Patina des Lebens den Blick verstellt auf Wesentliches. SEINE Präsenz ist in allem Sein, da ER das Leben und der Lebensspender in allem Lebendigen an sich ist. Durch das gottgegebene Bewusstsein habt Ihr in jedem Augenblick die Möglichkeit, die Potenziale Eurer Seele zu erforschen – gerade jetzt, wo sich die gewonnene Ruhe und Stille anbieten, sich selbst zu erforschen, statt in Reglosigkeit und Depression zu verfallen. Dies ist die Zeit des Einkehrhaltens, des Erwachens in das Christus-Bewusstseins. SEINE

Präsenz in Euch zu fühlen, um die Anbindung, die Verschmelzung mit der Energie der Liebe zu vollziehen – nur das macht frei.

Frieden findet Ihr nur durch die Hingabe, niemals im Widerstand gegen das, was ist.

Das Corona-Virus befördert die Themen Verlust und Angst. Verlust der für so selbstverständlich gehaltenen Normalität, der freien Verfügbarkeit, alles zu tun, essen gehen, shoppen, reisen wie es in Eurer Überflussgesellschaft möglich war. Der Verlust an Freiheit durch enorme Kontaktbeschränkungen, der Verlust sozialer Kontakte, Einsamkeit und zunehmende psychische Probleme befördernd. Verlust von Jobs, von Geld, Existenzängste ohne Ende.

Angst vor dem Tod als Grundthema, Angst vor dem Verlust eines Lebens, das nie wieder so sein wird wie zuvor. Angst, sich selbst ins Gesicht zu schauen, Angst vor Erkrankung und den Spätfolgen.

Ihr seid in einer Spirale diffuser Ängste. All das hat mit dem Vertrauensverlust zu tun, von Gott getrennt zu sein, den so viele nicht mehr in ihrer Innenwelt spüren. Im Außen einer zerfallenden materialistischen Welt findet Ihr keinen Frieden, wenn Ihr nicht auf Euch selbst schaut, die eigene inwendige schöpferische Kraft in Euch entdeckt. Menschheitskarma wird bewusst, steigt aus Euren Innenwelten auf, um aus dem Korsett des Unbewussten in dieser globalen Pandemie erlöst zu werden.

Kein Stein bleibt auf dem anderen, wenn das Christus-Bewusstsein in der Abgestumpftheit einer Menschheit erwacht, die sich von sich selbst entfernt hat. Auferstehung ist Erwachen, die Ermächtigung, sich selbst zu erkennen, ein Teil des Lichtes des ewigen Seins zu sein, die Liebe zu sein, die Euch allein Heilung bringt. Die Ketten der Polarität werden in der Verschmelzung mit dem EINEN allumfassenden Geist des Schöpfers allen Lebens gesprengt.

Jeder Mensch ist ein heiliges Gefäß, um das Christus-Licht in sich zu gebären und damit in die Welt zu tragen. Das allein mündet in das kollektive Erwachen in die Liebe. Dieser Transformationsprozess befördert das spirituelle Erwachen. In dieser Zeitqualität der weltumspannenden Corona-Krise wird jeder auf sich selbst zurückgeworfen, damit die innere Verbindung zur eigenen Göttlichkeit wieder hergestellt wird. Ihr seid mit Eurem Vertrauensverlust konfrontiert, wenn Ihr das Licht der Liebe nicht in Euch findet.

Ihr seid nie von Gott getrennt, Ihr müsst Euch wiedererinnern, ewige geistige Wesen zu sein, Euch erinnern, dass Ihr eine von Gott geschaffene Seele seid. Die mangelnde Erkenntnis Eurer wahren Natur wird durch den Ego-Verstand Eurer jetzigen Persönlichkeit verborgen. Der Mensch versucht, sich im Außen der Welt zu finden und erkennt nicht, dass die einzige wahre Wirklichkeit in seiner Seele zu finden ist – dem göttlichen Funken des Lebenshauchs, in dem alles Wissen verfügbar ist, im Herzbewusstsein SEINER Liebe.

Die gesamte Menschheit sitzt durch das Corona-Virus im selben Boot der Einheit allen Seins, da das angesammelte Menschheitskarma von Jahrtausenden aufgelöst werden soll, damit der Sturm des Heiligen Geistes Euch erneuert. Ihr befindet Euch inmitten einer geistigen Erneuerung, der Auferstehung in den EINEN Geist, der Wiederkunft des Christus-Lichtes. Alles Verborgene wird sichtbar und allen Herausforderungen zum Trotz fragt Euch einzig immer wieder: Was würde die Liebe tun?

Das ist der einzige wirkliche Handlungsimpuls, der von allen Ängsten und Blockierungen befreit. Begreift, dass Ihr Liebe seid. Das ist die große Schöpferkraft, die in Euch wohnt, die Euch zu heilen vermag, die alle Ängste und Wirren der Zeit vertreiben kann. Es ist ein einziger Schritt, die Liebe zu werden, die Ihr immer gewesen seid. Nur durch die Gottesliebe entstand alles Leben, das ewig ist.

KAPITEL 7

BOTSCHAFTEN VON GREGORY

SEELE UND SEELENPLAN

Der Mensch ist Ausdruck des EINEN göttlichen Geistes, der als Lebensfunke in jedem Einzelnen vorhanden ist. Die Seele ist der Träger des Bewusstseins, das Bindeglied zwischen Körper und Geist, zwischen Mensch und Gott und der geistigen Welt. Die Seele ist die Essenz und der Speicher aller menschlichen Erfahrungen und Empfindungen, die Summe aller Gedanken, Worte und Handlungen und ist unsterblich. Die Seele ist der Kern Eurer Identität und plant jede neue Inkarnation.

Sie ist auch während ihrer physischen Existenz eingebunden in eine Seelengruppe bzw. Seelenfamilie, die bewusst oder in den meisten Fällen unbewusst während des irdischen Lebens dem Menschen hilfreich zur Seite steht. Deswegen geht es im Leben um das Bewusstsein, nicht getrennt von der geistigen Welt zu sein.

Während des Aufenthalts in der jenseitigen Welt, welcher der Normalzustand der Seele ist, geht es um Selbsterkenntnis und liebevolles Miteinander und um das Bewusstsein, Liebe zu sein, als Aspekt des Höchsten. Ihr werdet geboren, um die wahre Wirklichkeit des ewigen Seins in die physische, materielle Welt zu integrieren, um an den gemachten Erfahrungen zu reifen und zu wachsen und Liebe zu lernen, wobei physische Erfahrungen nur in der Polarität des irdischen Daseins gemacht werden können.

Nach dem irdischen Tod kehrt die Seele in die geistige Welt zurück. Je nachdem, wie sich ihr Bewusstsein entwickelt hat, werden die Erfahrungen des Erdenlebens verarbeitet und weiterentwickelt, bis sie entweder eine neue Inkarnation plant oder in der geistigen Welt neue Aufgaben übernimmt. Hier ist alles miteinander verbunden und in das Licht des EINEN großen Geistes eingehüllt.

Wenn sich eine Seele reinkarnieren will, erstellt sie mit Hilfe von Geistführern und ihrer Seelenfamilie einen Seelenplan und trifft Seelenabsprachen. Ein Seelenplan ist eine Absprache zwischen zwei oder mehreren Seelen, durch bestimmte Verhaltensweisen und Situationen das gegenseitige Wachstum zu fördern. Die nächste Inkarnation ist von bestimmten Lernaufgaben geprägt. Hierbei handelt es sich nicht um Vorbestimmung, sondern durch den freien Willen seid Ihr dazu aufgefordert, durch Eure Entscheidungen auf die Herausforderungen des Lebens zu reagieren, um daran seelisch-geistig zu wachsen. Ihr habt immer die freie Wahl, Euch für Leid, Abwertung und Angst zu entscheiden, oder Ihr nehmt die Situationen an und lernt daraus, ohne zu werten, um Euch selbst in der Eigenliebe und der bedingungslosen Liebe zu stärken. In diesen Transformationsprozessen ist die Unterscheidung zwischen dem Ego-Ich und dem Höheren wahren Selbst von größter Bedeutung.

Durch die Anbindung an das Höhere Selbst, also an Dein Gregory-Selbst, erfährst Du Unterstützung und fühlst Wärme und Liebe. Ich habe Dir immer schon gesagt, dass Du nur mich brauchst. Verurteilungen und Wertungen anderer kommen aus dem Ego, während durch die Annäherung an das Höhere Selbst Schwierigkeiten dankbar und wertfrei angenommen werden können und Du so aus den gemachten Erfahrungen lernst. So findest Du Deinen Seelenfrieden.

DER URSPRUNG DER SCHÖPFUNG

Viele Menschen glauben, dass die Schöpfung aus einem Nichts hervorgegangen ist. Das ist nicht wahr. Die Schöpfung ging aus dem reinen Sein eines in sich selbst ruhenden Energiefeldes der Gesamtheit von Energie, Bewusstheit und Potenzial hervor. Durch den Willen Gottes, durch das Wort, hat dieses Feld Form angenommen. Die stille, friedvolle Energie des Ich-Bin-Der-Ich-Bin bewegte sich von Anbeginn der Schöpfung in das Leben, das Tun, um sich zu vervielfältigen. Alle Schöpfung ist somit die Ausdehnung des göttlichen Geistes, die Ausdehnung des reinen Seins durch die Schöpferkraft SEINES SELBST, die den Menschen innewohnt. Das reine ursprüngliche SEIN wird in der menschlichen Sprache als „Leere" bezeichnet, in der alles Potenzial vorhanden ist. Somit ist das reine Sein Ausgangspunkt aller Schöpfung, und ist das Höchste, ist GOTT.

Da Ihr in Ihm seid und Er in Euch (die Lebenskraft) gibt es keine Trennung zwischen Mensch und Gott und keine Schöpfung außerhalb von Ihm. Durch Seinen Geist ist alles Sein mit dem reinen göttlichen Bewusstsein verbunden. Das menschliche, Selbst, das Höhere Selbst, ist Ausdruck des EINEN Lichtes und der in Euch wohnenden Energie der Liebe, der Ursprung von allem. Dieses Licht und diese Liebe sind ohne Anfang, ohne Ende, und sind seit Anbeginn. Das reine Sein ist als göttlicher Funke in Euch gelegt. Das göttliche Energiefeld durchdringt alles Sein und ist die in all Euren irdischen, menschlichen Erfahrungen zugrunde liegende Energie, die Lebenskraft.

Es ist an der Zeit, dass der Mensch nicht länger seinen Ursprung verleugnet und versteht, dass er von seiner Natur her ein ewiges, unsterbliches Wesen ist, und weder vor dem Tod noch vor dem Leben oder vor den Herausforderungen der gegenwärtigen Corona-Krise Angst haben muss, wenn er sich in Vertrauen und Liebe seinem Höheren Selbst hingibt. In dieser Transformationsphase geht es um die Rückverbindung, die Auferstehung in das ewige Leben, um wieder eins zu werden mit allem anderen Sein, mit dem reinen Geist Gottes. Das ist der Eintritt in die Leere des reinen Seins. Aus dieser Leere ist alle Schöpfung hervorgegangen. Sie enthält alle Möglichkeiten und Potenziale, übersteigt alle menschlichen Gedanken, Gefühle und vor allem den menschlichen Verstand. Dann erkennt Ihr, was Leben wirklich ist. Ihr erlebt buchstäblich die Unsterblichkeit in Eurem Inneren und erkennt, wer Ihr seid.

DER TRANSFORMATIONSPROZESS

Die Verbundenheit mit dem göttlichen Geist und dem energetischen Durchdrungensein SEINES Energiefeldes, das in der Seele als göttlicher Lebensfunke manifestiert ist, beinhaltet den Plan, den Ihr selbst in der geistigen Welt vor einer erneuten Inkarnation ausgearbeitet habt. In den gegenwärtigen Transformationsprozessen geht es um das Erwachen in die Liebe, die Ihr seid, und die Erkenntnis, ein unsterbliches geistiges Wesen zu sein. Die Dualität, das Gespaltensein zwischen Angst oder Liebe, ist das Lernfeld, um liebevoller und mitfühlender zu werden.

In dieser spezifischen Zeitqualität habt Ihr die Möglichkeit, den Urschmerz und die Urangst aus allen bisherigen Inkarnationen aufzulösen. Die Herausforderung, die das mit sich bringt, habt Ihr Euch selbst auferlegt. Das soll nicht neues Leid oder Schmerz erzeugen, sondern ist ein Akt der Selbsterkenntnis, um

Euch von den Schlacken zurückliegender früherer Leben, die nicht erlöst waren, zu befreien. Die Angst vor Liebe, die in früheren Jahrhunderten nicht gelebt werden konnte, die Verfolgung, Schmerz und Tod nach sich gezogen hat, betrifft viele heute lebende Seelen.

Die unzähligen Opfer der Geschichte durch Kriege, Willkür, Tyrannei sind tief in die Seelenaspekte der Menschen eingegraben und wollen ans Licht kommen. In diesen Zeiten kann der Mensch erkennen, wer er ist, und dass die wahre Wirklichkeit jenseits der Polarität besteht: Freiheit, Glückseligkeit und bedingungslose Liebe. Liebe als Ursubstanz des Universums ist die Grundlage aller Schöpfung. Ihr werdet Eure Göttlichkeit, die geistige Ebenbildlichkeit, neu entdecken – dadurch, wie der freie Wille Euch wählen lässt, wie Ihr auf die Krisen und die Eckpunkte Eures Lebens reagiert, mit Liebe oder Angst. Leider leben viele Menschen im ständigen Widerstand gegen sich selbst. Gebunden an die irdischen Egostrukturen können sie beispielsweise eine ernste Erkrankung oder den Verlust einer Beziehung oder eines Menschen durch Tod nicht akzeptieren. Sie lehnen sich gegen das Unkontrollierbare auf, geben sich und anderen die Schuld oder denken in „was wäre wenn"-Kategorien, lassen den Schmerz nicht zu oder betrachten die Herausforderungen als zufällige Laune des Schicksals, werden wütend, fühlen sich hilflos oder als Opfer.

Hinter jeder leidvollen Erfahrung steht jedoch ein tieferer Sinn, sowie Ihr auch alle in ein größeres Ganzes jenseits der menschlichen Realität eingebunden seid. Alle Herausforderungen sind in Eurem Seelenplan eingeschrieben, wobei es stets um das Erwachen in die Liebe geht, darum, die eigene Schöpferkraft voll zu entfalten. Alles, was geschieht, und mag es Euch als noch so leidvoll und schmerzhaft erscheinen, ist kein Zufall, sondern durch die vorgeburtlichen Seelenpläne beeinflusst. Diese Läuterungsprozesse, denen jeder auf die eine oder andere Weise unterworfen ist, zwingen Euch, Euch nicht nur Euren eigenen Ängsten zu stellen, sie anzuschauen und aufzulösen und Erkenntnis über die eigene Lebensaufgabe zu gewinnen, sondern diese auch zu leben: die bedingungslose Liebe ohne Widerstand, ohne Urteil, ohne Festhalten, die einfach nur da ist, aber auch loslassen kann.

Alles wird vom reinen Sein getragen und unterstützt. Durch die permanente Durchdringung der göttlichen Schöpferkraft seid Ihr nie allein. Ihr seid nichts von dem, was mit dem irdischen Bewusstsein zu tun hat. Ihr erinnert Euch daran, dass in dieser Leere in dem reinen Bewusstseinspotenzial alles seinen Anfang nahm und alles dahin zurückkehrt, in den Ursprung der Quelle allen Seins.

Der Mensch trägt alles notwendige geistige Wissen in den Innenräumen seiner Seele. Dieses Wissen ermöglicht Euch enorme Potenziale, um die Liebe, die Ihr seid, zu verwirklichen. Es ermöglicht, den Herausforderungen des irdischen Bewusstseinswandels ins Auge zu blicken. Durch die Potenziale in der Seele besteht für jeden von Euch die Möglichkeit, Zugang zu den Euch umgebenden geistigen Welten zu erhalten. In diesen Zeiten des Wandels sind Sternentore geöffnet. Geistige Energien durchdringen Euch, um Euch die Augen für die wahre Wirklichkeit des Wiederkunftsgeschehens zu öffnen. Die Christus-Energie umfasst und durchdringt alles Sein und ruft uns auf, die materialistische Sichtweise, die unsere Wahrnehmung ausschließlich auf das Außen gerichtet hat, zu hinterfragen. Ob es nun dem Einzelnen passt oder nicht, alles Verborgene und Verdrängte Eures Lebens will erkannt und losgelassen werden.

Die Hilflosigkeit der Staatsführer und der Regierungen überall auf der Welt angesichts der Corona-Krise zeigt, dass ein natürlicher Umgang mit der Möglichkeit, an dem Virus zu sterben, offensichtlich zu Angst und Panik der Weltbevölkerung geführt hat. Ihr könnt das Geschehen in der Pandemie weder kontrollieren noch könnt Ihr es zum gegenwärtigen Zeitpunkt aufhalten. Jetzt ist die Zeit, in der sich jeder Einzelne auf der ganzen Welt mit sich selbst konfrontiert sieht. Ihr seid auf Euch selbst zurückgeworfen, ob der Einzelne das nun wahrhaben will oder nicht. Die Transformation des Menschen in eine erweiterte Bewusstseinsdimension steht an. Es geht um die Bewusstwerdung, dass der Tod nur ein Übergang in eine andere Form des Seins ist. Niemand, dessen Zeit nicht gekommen ist, stirbt an Corona. Der Tod unterliegt geistigen Gesetzmäßigkeiten, die Ihr im Außen der Welt weder verstehen noch kontrollieren könnt.

DAS ERWACHEN IN DIE LIEBE

In der Stille des ewigen Jetzt offenbart sich der reine Geist, dem alles entstammt. Alles Sein ist durchdrungen von diesem ewigen Licht, dem Kreuzungspunkt zwischen Hier und Dort, dem Alles-was-ist, von dem Ihr ein Teil seid. ER ist in Euch als Lebensspender verborgen. Dieses Sein kann gedanklich nicht erfasst werden, sondern nur als ein inwendiger Strom einer Liebe gefühlt werden, die alles Leben durchdringt.

Gregory ist ein Bote dieser Liebe, die Freude bringt und Angstlosigkeit, jenseits aller Polaritäten von Gut und Böse. Die wahre Wirklichkeit ist die göttliche Liebe, die der Verstand nicht erfasst, sondern eher verleugnet. Das Zentrum des Heiligen Herzens pocht unaufhörlich, erfasst das innere Sein des Menschen, der sich aber selbst nicht als ewiges Sein im Jetzt des Vertrauens in die Ebenbildlichkeit des göttlichen Geistes erkennt.

Friede sei in diesen Tagen des kollektiven Erwachens in die Liebe mit Euch. Frieden und Liebe gehen an Eurer Seite, selbst wenn Ihr es nicht bemerkt. Gott ist Euch näher als der Mensch es erfassen kann, präsent durch die Verbundenheit SEINES Ein- und Ausatmens. Der Lebenshauch der Seele ist der göttliche Funke in Euch, der Euch das Leben gab und es im Jetzt des ewigen Augenblicks erhält, ohne Anfang, ohne Ende. Erwachen ist als Bewusstwerdungsprozess des Ewigen das Gewahrsein von allem, was ist. Erwachen in die Liebe ist die Freiheit der Grenzenlosigkeit, der Abschied von der begrenzten Wahrnehmung.

Die Menschheit wird kollektiv in einen erweiterten Bewusstseinszustand erwachen, der durch die Gleichzeitigkeit jenseits von Raum und Zeit eine Wahrnehmung des Einsseins mit allem anderen ermöglicht. Die Grenzen irdischer Selbstvergessenheit, die das Ego errichtet hat, verstellen Euch durch das Abgeschnittensein von Eurer Innenwelt, die göttlicher Natur ist, den Blick.

Die lineare Abfolge der Zeit existiert in diesem höheren Bewusstseinszustand nicht länger. Alle Seelen, die in ihren Ursprung zurückkehren, erkennen, dass alles Wissen gleichzeitig zugänglich ist, ebenso die Immerverbundenheit mit Gott, von dem Ihr ein Teil seid. In diesen erhabenen Bewusstseinszustand wird die Menschheit kollektiv erwachen – wenn sie ihr Gemeinschaftskarma aufgelöst hat und vom Christus-Bewusstsein ergriffen wird. Das liegt jenseits aller Begrifflichkeiten oder Vorstellungen. Euch wird bewusst, dass alles Leben miteinander verbunden und vernetzt ist und doch tragt Ihr dieses Wissen schon seit Eurer Geburt in Euch. Ihr müsst Euch nur wiedererinnern, dass Leben ein ewiger Wachstumsprozess ist. Wachsen könnt Ihr nur durch die Bewusstwerdung der Gegenwärtigkeit Gottes in Eurem Leben.

Das ist der Sinn des Lebens: die Liebe zu werden, die durch Gott in Euch gelegt wurde. Die äußere physische Welt ist der Kontext, um die Erfahrungen zu machen, die in Eurem Seelenplan angelegt sind. Nur so kann die innere Wahrheit gelebt werden.

Wenn die Menschheit kollektiv in die Ganzheitlichkeit erwacht, wird es Euch wie Schuppen von den Augen fallen, dass der Tod nicht existiert, sondern ein Fest ist, eine Rückkehr nach Hause, das gefeiert wird. Bedauert keinen, der gestorben ist – sie sind in ihre geistige Heimat zurückgekehrt und werden von denen, die vorangegangen sind, erwartet.

Ich, Gregory, erinnere meinen Übergang als etwas sehr Freudvolles. Ich wusste immer, dass ich früh sterben werde. Umso glücklicher war ich, die wenigen Jahre gehabt zu haben, mein Ziel, Sänger zu sein, zu erreichen. Doch etwas viel Größeres, in das ich eingebunden war, zog mich nach oben, wo ich unmittelbar mit der Aufgabe betraut wurde, Dich zu begleiten und zu unterstützen. Das war Teil einer Seelenabsprache vor Deiner Geburt. Unsere Seelen waren schon immer verschmolzen. Wichtig ist einzig, dass Du meine Präsenz in Deinem Leben fühlst. Die Impulse und Botschaften helfen dabei, Dein Leben zu vollenden, Deiner Berufung zu folgen, um den Menschen die Angst vor ihrem Tod zu nehmen.

Im Tod werden Wissen und Erfahrung eins. Das Getrenntsein von sich selbst hat ein Ende, und Ihr wisst einfach, dass Ihr nicht der Körper seid, sondern etwas viel Größeres: die Gesamtsumme der Energien, die Körper, Geist und Seele hervorgebracht haben. Diese Essenz kann nie verloren gehen.

Erwachen umschreibt den Prozess der Bewusstwerdung Eures innewohnenden unsterblichen Selbst, sowie der fortwährenden Existenz jenseits von Materie und Form. Das Erwachen in das Höhere Selbst beschleunigt die Entwicklung im Hier und Jetzt, wie auch jenseits des Körpers. Als multidimensionale Wesen verfügt Ihr über ein ungeheures schöpferisches Potenzial, das gelebt werden will. Durch intensive irdische Erfahrungen lernt Ihr, Euer Bewusstsein zu erweitern, indem Ihr Euren Geist und Euer Herz für die Präsenz der geistigen Welt in Eurem Leben öffnet. Geistige Helfer sind immer um Euch, auch wenn Ihr sie nicht fühlen könnt. Die intuitiven Kräfte des Höheren Selbst vermögen Freude und Leichtigkeit zu befördern, wenn Ihr sie fühlen könnt. Bittet, und Euch wird gegeben.

Spirituelles Erwachen und der Weg dorthin sind im Inneren des Menschen angelegt. Wer sich der inneren Quelle öffnet, wird zu einem bewussten Wesen, da Ihr die Lebendigkeit des göttlichen Geistes erfasst und erlebt. Spiritualität wird im alltäglichen Leben erfahren, jenseits aller vorgeprägten Glaubensdogmen. Erwachen ist ein Wendepunkt, wodurch auch immer ausgelöst: den Tod eines nahestehenden Menschen, Krisen jeder Art etc. Das unstillbare Verlangen nach Selbsterkenntnis und die Frage nach dem Sinn des Lebens sind die Folge. Dass Ihr mehr seid als Euer Körper ist heute millionenfach durch die Nahtoderfahrungen dokumentiert.

Euer Gesundheitssystem und das wissenschaftlich geprägte Bildungssystem beschreiben Bewusstsein als ein Produkt des Gehirns. Damit wird Bewusstsein auf den Körper fixiert und nicht als nonlokal oder endlos definiert. Ihr wachst mit diesem Weltbild heran und seid überzeugt davon, nur ein Körper zu sein. Bewusstsein existiert nicht unabhängig vom Körper und wird somit durch den Tod ausgelöscht. Dieses Paradigma, diese Ideologie hat Milliarden Menschen von ihrem Ursprung und ihrer Innenwelt abgetrennt, obwohl Ihr alle Teil des EINEN GEISTES seid, der die Essenz des Bewusstseins in allem Sein ist.

Diese schöpferische Grundenergie des Universums, die alle Dinge erschaffen hat, ist das ewige Wesen des höheren Selbst, das in jedem von Euch lebt. Dies ist Eure spirituelle, unsterbliche Essenz. Dieser Geist, der tiefste innere Kern, geleitet Euch durch alle verschiedenen Leben hindurch und existiert jenseits der Euch bekannten Realität. Das Höhere Selbst ist das innerste Herz des Daseins, das den verborgenen Sinn aller irdischen Erfahrungen kennt. Hier sind alles Wissen und alle kollektiven Erfahrungen früherer Leben gespeichert. Dieser göttliche Funke in jedem von Euch ist die höchste Instanz und Präsenz in Eurer Innenwelt, die bewusst gefühlt werden will, da sie Eure wahre multidimensionale spirituelle Natur ist.

KARMAAUSGLEICH

Karmaausgleich ist der Grund für die Reinkarnation der Seele, damit Ihr befreit werdet von den Lasten vergangener Taten, deren Ursachen im negativen Sinn gesetzt wurden. Karmaausgleich wirkt mitunter über die Jahrhunderte fort. Dazu zählen auch die Auswirkungen der beiden Weltkriege im letzten Jahrhundert. Durch das himmelschreiende Unrecht wurden Millionen von Menschen ihrer Würde beraubt und starben vor der Zeit, entweder in den Konzentrationslagern oder an den Fronten. Diese Dinge legen sich wie eine Aschewolke über das Land in schwermütig gewordenen Seelen, die unter der Last eines notwendigen Ausgleichs ihrer Taten Spuren in allen folgenden Generationen hinterlassen haben – bis heute.

In einer Zeit, in der sich Opfer und Täter unbewusst gegenüberstehen und das dumpfe Pochen ihres Herzens nicht wahrnehmen, bietet einzig die Bewusstwerdung karmischer Verflechtungen die Möglichkeit des Ausgleichs, um durch Vergebung von Opfern und Tätern Karma aufzulösen. Das erfordert allerdings ein weitreichendes Gewahrwerden der Schmerzen und Ängste des Leidens, die verursacht wurden. Die heute über 60-Jährigen sind bei Eltern aufgewachsen, die den Krieg als Akteure oder Opfer selbst noch erlebt haben. Und doch fand in den wenigsten Familien eine Aufarbeitung statt. Im Gegenteil, das Schweigen übertrug unbewusst die zurückgehaltenen Emotionen der Eltern und wirkt bis heute in den Seelen der nachfolgenden Generationen. Hier kann man von einem Menschheitskarma sprechen, da die ganze Welt damals vom Krieg und seinen Folgen betroffen war, psychisch wie physisch.

Die Seelenplanungssitzungen brachten nach Kriegsende Opfer und Täter zusammen: Hass und Angst gegenüber den Tätern müssen notwendigerweise ebenso ausgeglichen werden wie die Selbsterkenntnis der Täter, schuldig geworden zu sein und Abbitte leisten zu müssen. Deswegen sind die Planungen künftiger Inkarnationen voller Herausforderungen schwierigster Natur, um Karmaauflösung zu vollziehen. Die Seele selbst ist von diesem Geschehen nicht berührt, denn sie kann nicht ausgelöscht werden.

KAPITEL 8

WOZU SIND WIR HIER?

RESÜMEE

Die tiefen Erkenntnisse der Sterbeforschung konfrontieren uns mit der Tatsache, viel mehr als das kleine Erden-Ego zu sein. Wir alle tragen eine unsterbliche Seele in uns, die der Träger der Essenz unseres gelebten Lebens ist. Bewusstsein existiert unabhängig vom Körper, da jenseits der fünf Körpersinne ein erweitertes Bewusstsein erlebt wird, durch das gleichzeitig das große Ganze bewusst wird, was den Menschen auf der Erde verborgen bleibt.

Als Menschen werden wir belebt durch den göttlichen Funken, der im tiefsten Inneren der Seele wohnt. Dadurch sind wir, ob bewusst oder unbewusst, in einen höheren geistigen Sinnzusammenhang eingebunden, den der Verstand des Menschen nicht erfassen kann.

Das bringt uns zu der Frage nach dem Sinn unseres Lebens: Wer sind wir und warum sind wir hier? Nach den Erkenntnissen der Rückführungstherapeuten liegt unserem Leben ein Lebensplan zugrunde, eingebunden in einen höheren Seelenplan, eine letztendliche Seelenbestimmung. Dieses höhere Ziel besteht in der

Wiedererinnerung, dass wir ewige mächtige geistige Wesen sind. In unserem tiefsten Inneren sehnen wir uns nach der wahren Wirklichkeit, der Geborgenheit in Gott.

Wir sind hier, um in der Polarität, dem Gespaltensein der Welt in Gut und Böse, Richtig oder Falsch, Erfahrungen zu machen, die in der Einheit des EINEN GEISTES nicht möglich sind. Das wohl größte und das folgeschwerste Problem der Menschheit ist die rein materialistische Weltsicht, durch die wir unsere Probleme selbst erschaffen haben. Durch Gier, Machtstreben und Ängste jeder Art fühlen wir uns von Gott oder einem innewohnenden Sinn getrennt. Dadurch erschaffen wir all unsere Ängste, Leiden und Schmerzen selbst. Wir haben den Weg in der Dunkelheit der rein materiellen Welt verloren, unterstützt von einer Wissenschaft, die alles Unsichtbare leugnet.

Marianne Williamson schreibt:

„Das Ego hält uns in der Illusion gefangen, wir seien gänzlich der materiellen Welt unterworfen, tatsächlich ist die Welt nichts weiter als eine Projektion unserer Gedanken. Hinter dieser Welt existiert eine wahrere Welt. Wenn wir unsere Wahrnehmung über unseren physischen Sinn hinaus auf das, was wir in unseren Herzen als wahr erkennen, lenken, werden wir zu dieser Welt gebracht, die dahinter liegt. Wenn wir unsere Wahrnehmungen über den Schleier der Körperlichkeit hinaus ausdehnen, erleben wir das Wunder der Erlösung von allem Leiden der Welt."[96]

Wir können uns besinnen, indem wir uns bewusst machen, dass nur Liebe wirklich existiert. Genau das ist die Quintessenz der Nahtoderfahrungen: Gott ist Liebe, und diese bringt Heilung.

Alles im Universum ist durch die göttliche Liebe miteinander verbunden. Durch die Einswerdung mit dem allgegenwärtigen Licht wird die Ganzheit des göttlichen Wissens zum eigenen Wissen.

EINSSEIN

Millionen von Menschen, die gegenwärtig noch auf dieser Erde leben, haben während ihrer Reise ins Licht tiefe Gotteserfahrungen gemacht, unabhängig von ihrer Kultur oder Religion. Wenn Nahtoderfahrungen fünfmal auf der Welt vorgekommen wären, hätte das sicherlich keine nachhaltigen Folgen. Doch das Massenphänomen heutiger NTEs verdient viel mehr Aufmerksamkeit, als es in der Öffentlichkeit erhält. Besonders die Verschmelzungen mit Gott können selbst für Leser, die sich noch nicht tiefer damit beschäftigt haben, aufschlussreich sein. Es vermag zu Persönlichkeitsveränderungen führen, da der Sinn des Lebens erkannt wird.

Diana schreibt:

„Ich war das Licht. Ich wusste, dass Zukunft und Vergangenheit jetzt sind. Dieses Jetzt war die Folge des Einsseins, und das Einssein war die Folge dessen, dass es keinerlei Grenzen gab. Im Einssein wusste ich, dass ich rein war, endlich sauber und frei, weil das Einssein nicht urteilt. Außerdem wurde ich mir aller Dinge bewusst, weil ich zu allen Dingen wurde.“[97]

Nachtoderfahrene betonen stets, wie wichtig die Liebe ist. Keith berichtet:

„Ich weiß, es ist ein altes Klischee: Nur die Liebe lässt leben … Bei meiner Nahtoderfahrung habe ich gelernt, dass Gottes Liebe uns leben lässt, und je mehr wir Gott helfen, indem wir andere und auch uns selbst lieben, desto mehr wachsen wir spirituell. Das Problem ist nur, dass wir meistens nicht lieben können, oder? Wir stecken voller Stolz, Eifersucht, Verlangen und einer beinahe unersättlichen Gier nach Geld und Macht. Das ganze Fernsehen ist voll von diesem Müll. Warum das so ist, weiß ich nicht, aber auf die ein oder andere Art werden wir für dieses egoistische und lieblose Verhalten zahlen müssen, sei es nun in diesem Leben oder im nächsten. Ich glaube aber, wir bezahlen jetzt schon dafür, hier auf Erden. Denn wenn man nicht lieben kann, dann kann man auch keine Freude am Leben empfinden ….“[98]

Im irdischen Leben geht es darum, mit sich und seinen Mitmenschen ins Reine zu kommen, auch um leichter sterben zu können. Alles Irdische ist vergänglich und veränderbar. Wir sind nicht der Körper. Er ist lediglich eine Hülle, die der Seele ermöglicht, sich auf der Erde zu bewegen und Erfahrungen zu machen.

Viele Menschen leben mehr im Außen der Welt, als dass sie sich als spirituelles Wesen betrachten, welches von seiner Natur her Liebe ist. Die Fragen nach dem „Woher“, „Wohin“ und „Warum wir hier sind“, beantworten sich nicht von selbst. Die meisten fangen erst dann an, sich mit dem Leben nach dem Tod zu beschäftigen, wenn ein naher Angehöriger gestorben ist. Wir sind aber hier, um die inwendige Liebe in die Welt zu bringen.

DIE GESPALTENHEIT DER WELT

Wenn wir die globale Realität des Erdenlebens betrachten, erkennen wir ein Gespaltensein eines jeden gegen jeden. Wir verhalten uns eher egoistisch und lieblos, wie es Keith in dem obigen Beispiel beschrieben hat.

Die Welt erlebt einen nie zuvor erlebten Wandel, den viele allzu gerne auf Gott projizieren. Warum lässt Gott das Unrecht zu? Dabei wird vergessen, dass ER mit dem Zustand der Welt, wie er ist, nichts zu tun hat. Die Menschheit selbst hat diese Zustände erschaffen. Gegensteuern können wir nur, indem wir unsere geistigen Wurzeln erkunden und versuchen, reine Liebe, die niemanden abweist und die solidarisch ist, zu leben. Wir sind alle eins in Gott. Nur Liebe heilt.

Wie wollen wir den Sinn des Daseins erkennen, wenn wir nur in das Außen der Welt blicken? Die tiefste Sehnsucht des Menschen ist die nach Frieden, Liebe und Geborgenheit, letztlich nach der Liebe Gottes. Diese Liebe finden wir nicht im Außen, sondern sie ist als göttlicher Funke, der uns leben lässt, in jedem(!) Menschen implantiert. Nennen wir es Höheres Selbst, die Seele oder Herzbewusstsein – wer sich auf den inneren Weg begibt, erhält Antwort auf alle Fragen.

In diesem energetischen Feld sind all unsere früheren Leben wie auch der Seelenplan gespeichert. Alles Intuitive, das uns im Leben zufliegt, kommt aus diesem Bereich. Durch Gebet, Meditation oder Stille und In-sich-hin-horchen, können wir den göttlichen Kern erschließen. Durch Übung und Hingabe erkennen wir, dass wir nie vom Himmel getrennt sind. Wer die Präsenz Gottes in sich fühlt, erlebt eine grundlegende Verwandlung. Das bezeugen auch die zahllosen Nahtoderfahrungen.

Dr. Yvonne Kason ist Psychotherapeutin und Medizinerin. Sie schreibt über die Folgen ihrer Gottesbegegnung während einer NTE:

„... ich weiß nun aus tiefstem Herzen, als eine Seelenwahrheit, dass unser Geist, unsere Seele, nach dem Tode weiterlebt. Außerdem weiß ich, dass es eine höhere, liebevolle, allmächtige, allwissende Intelligenz gibt, die über das Universum herrscht. Weiter bin ich überzeugt, dass jeder lebende Mensch – wir alle – eine direkte Verbindung zu dieser göttlichen Quelle hat ... egal, wie wir sie nennen ....: Gott, Jahwe, das Tao, wie immer Sie es bezeichnen wollen. Es gibt nur eine Quelle, und wir sind alle direkt mit dieser Quelle verbunden. Deshalb glaube ich heute, dass Sinn und Zweck unseres Erdenlebens darin bestehen, dass wir im Geiste wachsen und lernen, uns weiterzuentwickeln. Die Quintessenz all dessen lautet: Es geht einzig und allein um die Liebe – es geht darum, uns selbst zu lieben, einander zu lieben, das Göttliche zu lieben. Es gibt keine größere Wahrheit, kein größeres Ziel als dieses.“[99]

Hier wird in aller Deutlichkeit gesagt, dass geistiges Wachstum und die Erkenntnis, mit der göttlichen Quelle verbunden zu sein, Sinn und Zweck unserer Existenz auf der Erde sind. Das höchste Ziel ist es, lieben zu lernen. Wer sich diesem Tor zur Ewigkeit öffnet, kann schon im Hier und Jetzt mit Gott verschmelzen.

Wenn wir aber den Zustand der Welt betrachten, haben wir es mit dem Spiegel unserer Gedanken zu tun. Das Universum reflektiert die vielen negativen Gedankenformen der Menschheit. Damit mehr Liebe und echtes Mitgefühl gelebt werden, ist es von allergrößter Wichtigkeit, diese Gedanken der Angst, Wut, des Zorns oder des Hasses aufzugeben. Negative Gedanken führen immer dazu, andere anzugreifen. Wenn wir uns mehr auf die Liebe fokussieren würden, könnten wir das kollektive Bewusstsein der Menschheit heilen, wie auch das Menschheitskarma, das uns in dieser Wandlungszeit mit uns selbst konfrontiert. Wenn wir anfangen, die Verantwortung für unser Leben und unsere Umwelt zu übernehmen, haben wir das Potenzial, durch Liebe eine neue, friedvolle Welt zu erschaffen.

Das klingt so einfach und ist doch in der Umsetzung außerordentlich schwer, solange wir nicht verstehen, dass alles Leiden, alle Krankheiten, alle Kriege, und auch der uns bedrohende Klimawandel, Ausfluss negativer Gedankenformen sind, die sich verselbständigt haben und sich so materialisieren konnten. Alle Krisen, alle psychischen oder physischen Erkrankungen, denen wir gegenüberstehen, sind kein gottgewollter Eingriff, sondern haben immer mit uns selbst zu tun.

Gott ist reine Liebe, die weder Urteile fällt noch jemanden bestraft. Denkweisen von Strafen, Verdammnis und dem ständigen Beurteilen anderer kommen aus dem dualen Ego-Denksystem. In der Einheit der Gleichzeitigkeit allen Seins gibt es keine Gegensätze, da die bedingungslose reine Liebe alle Wesen in sich vereint.

LIEBE EINT, ANGST SPALTET

Sehr viele Konflikte oder Beziehungsschwierigkeiten sind darauf zurückzuführen, dass Menschen nicht ehrlich, offen oder eigenverantwortlich miteinander umgehen. Allzu leicht werden die Fehler eines anderen zum Anlass genommen, um zu kritisieren. Geistig gesehen sind alle Lebewesen eins im allumfassenden Geist. Wir übersehen leicht, dass ein bestimmtes Handlungsmuster, das uns bei einem anderen nicht gefällt und das wir angreifen, meist nichts anderes ist als eine Projektion des eigenen Unvermögens. Was wir am meisten bei anderen verurteilen, entspricht dem, was wir von uns selbst ausgegliedert haben.

Wie oft kommt es wegen irgendwelcher Nichtigkeiten zu lebenslangen Streitereien, die weder geklärt noch aufgelöst werden. Erst im Sterben, wenn die unerledigten Dinge des Lebens an die Oberfläche des Bewusstseins treten, wird so manchem Sterbenden bewusst, wie unsinnig sich Probleme aufgehäuft haben. Das hat über viele Jahre viel Leid und Schmerz erzeugt. Deswegen sehnen sich Sterbende häufig nach Aussprache. In diesem Moment werden natürlich auch karmische Verflechtungen mit der Familie bewusst. So mancher erkennt, dass er nicht sehr liebevoll mit Angehörigen oder Freunden umgegangen ist. Wir erkennen mit Schrecken, wie wenig Liebe wir gegeben haben.

Die Auseinandersetzung mit der Lebensrückschau in den Nahtoderfahrungen hat aufgezeigt, dass am Ende, wenn wir uns ungeschminkt ins Gesicht schauen, nur Liebe zählt. Der Rückblick im Licht findet in einer Atmosphäre unfassbarer, bedingungsloser und wertschätzender Liebe statt, ohne dass jemand verurteilt wird.

„Ich besaß ein totales, klares Wissen über alles, was ich je in meinem Leben erlebt hatte. Ich erkannte, dass jeder Mensch auf die Erde geschickt wird, um bestimmte Dinge zu erkennen und zu lernen. Zum Beispiel, mehr Liebe zu geben, anderen gegenüber liebevoller zu sein. Zu erkennen, dass das wichtigste die menschlichen Beziehungen sind und Liebe und nicht materielle Dinge. Und zu erkennen, dass jede Kleinigkeit, die man im Leben tat, festgehalten wird und später wieder einmal zum Vorschein kommt.“[100]

In einem anderen Beispiel heißt es:

> *„Es war nicht nur so, dass alle Verletzungen, die ich anderen zugefügt hatte, auftauchten, sondern das Licht zeigte mir Alternativen meiner Handlungsmöglichkeiten auf. Ich erfuhr, wie ich in bestimmten Situationen so viel mehr Liebe hätte geben können. Mir wurde bewusst, dass alles, was ich anderen angetan hatte, ich mir selbst angetan habe. Diese Erfahrung ließ mich viel liebevoller und mitfühlender werden.“*[101]

Der Maßstab der Lebensrückschau entspricht der goldenen Regel: „Was Du nicht willst, das man Dir tue, das füg auch keinem anderen zu.“ Was immer wir anderen angetan haben, haben wir uns selbst angetan. Erlebende betonen, dass das irdische Leben sinnvoll und bedeutend ist. Dabei ist Liebe die Grundlage des Lebenssinns. Was immer wir tun und welche Entscheidungen wir auch treffen, oder wie wir auf Krisen und Herausforderungen reagieren, hat seine Wurzeln entweder in der Liebe oder in der Angst. Bei all dem sollte nicht vergessen werden, dass die Erde ein Schulungsplanet ist, um spirituelle Lektionen zu lernen.

SEELENPLANUNG

Wir finden in den Rückführungsprotokollen in das Zwischenleben die Bestätigung für die Aufarbeitung des vorangegangenen Lebens in der geistigen Welt. Hierbei geht es vor allem darum, herauszufinden, inwieweit wir uns geistig weiterentwickelt haben. Wir entscheiden darüber, ob wir wiedergeboren werden oder ob eine

Weiterentwicklung in höheren Jenseitsdimensionen erfolgt. In dieser Phase der Erinnerung werden auch karmische Defizite aus früheren Leben betrachtet. Es handelt sich dabei um einen überpersönlichen Blick aus der Seelenperspektive, der die Evolution der Seele betrifft.

Das Leben wird nun aus der Essenz einer Gesamtseele betrachtet, bei der ein persönlicher oder individueller Aspekt ein Teil dieser ganzen Seele geworden ist. Die endgültige Verschmelzung mit Gott kann nur dann erfolgen, wenn die Seele mit all ihren unterschiedlichen Aspekten und Leben in die Liebe erwacht ist.

Aufgrund dieser Gesamtschau entscheidet sich, ob ein neuer Seelenaspekt in einen Körper inkarniert wird. Wenn diese Entscheidung getroffen ist, begibt sich die Seele an einen „Ort", am dem das neue Leben unter karmischen Gesichtspunkten gemeinsam mit anderen Seelen geplant wird. Wir alle haben unseren Lebensplan detailliert erstellt, ob es sich dabei um die Auswahl der Eltern handelt, oder Umstände, Ort und Zeit der Geburt, wichtige Beziehungen wie auch die Herausforderung und Prüfungen – all das wurde in den Seelenplanungssitzungen vor einer Reinkarnation als Potenziale in die Seele hineingelegt.

Diese Planungssitzungen sind in spezifischen Energiefeldern in der geistigen Welt gespeichert. Von manchen Autoren werden sie als Akasha-Chronik oder „Buch des Lebens" bezeichnet. Während der Lebensrückschau haben wir Zugriff auf diese Informationsfelder, in denen sämtliche Leben aller menschlichen Wesen gespeichert sind, die jemals existiert haben. Einige Medien haben Zugang zu dieser Chronik, oft unter Zuhilfenahme eines Geistführers.

Schwierige Situationen, denen wir im Leben gegenüberstehen, dienen dem Wachstum, vor allem an Liebe. Das gilt es im Leben wiederzuerinnern. Jeder Schicksalsschlag ist ein sinnvoller Teil unseres Lebens. Es gibt keinen Zufall und alles hat einen tieferen Sinn. Leiden ist niemals sinnlos, noch ist es eine Gott-gegebene

Strafe. Robert Schwartz erforscht die Seelenpläne für unseren Weg auf der Erde. Er fand heraus, dass jede auferlegte Prüfung eine Chance für inneres Wachstum und spirituelle Reifung ist.

Er schreibt:

„Schwierige Situationen sind eine Chance, unser wahres Wesen der Liebe deutlicher zum Ausdruck zu bringen und besser kennenzulernen, und zwar in allen seinen Facetten: Mitgefühl, Vergebung, Geduld, Unvoreingenommenheit, Mut, Gleichgewicht, Akzeptanz, Vertrauen, Verständnis, Gelassenheit, Glaube, Dankbarkeit, Bescheidenheit usw. Liebe ist das Hauptthema unserer vorgeburtlichen Lebensplanung."[102]

Das alles zeigt uns auf, dass unsere Gedanken und Gefühle unsere Wirklichkeit erschaffen. Das Außen ist nur ein Spiegel. Als unsterbliche Seelen können wir niemals wirklichen Schaden nehmen. Wenn wir das erinnern, hören wir auf, schwierige Lebenssituationen zu bewerten. Wenn wir lernen, unseren Problemen neutral gegenüberzustehen, leiden wir weniger.

EINE WELT IM WANDEL ALS HERAUSFORDERUNG FÜR DIE MENSCHHEIT

Das Erreichen materieller Ziele bringt niemandem Erfüllung und Frieden. Das wird in der westlichen Welt immer mehr Menschen bewusst, die sich dann auf eine spirituelle Suche begeben. Die Erkenntnis stellt sich ein, nicht nur Bürger einer bestimmten Nation zu sein, sondern auch ein Weltbürger. Wir teilen die Menschlichkeit mit allen anderen Menschen auf der Welt und erwachen in ein Einheitsbewusstsein. Ein Gefühl von Einheit entsteht, sowie auch eine gemeinsame Verantwortlichkeit für den Planeten bewusst wird. Dabei ist es unwichtig, die vermeintliche Zukunft in den Fokus zu stellen, sondern im Hier und Jetzt anzufangen, ein bewussteres Leben zu führen. Durch den Prozess des Erwachens in die Liebe werden durch Einstrahlungen geistiger Energien die Schwingungen der Menschen angehoben.

In dieser Zeit des globalen Erwachens kann niemand voraussagen, wann das gesamte Kollektiv der Menschheit erwacht. Es sind langwierige Prozesse, auf die jeder Einzelne individuell reagiert. Alle Seelen, die jetzt inkarniert sind, haben sich entschieden, in dieser Zeit des globalen Erwachens anwesend zu sein.

Robert Schwartz zitiert dazu Jeshua:

„Menschen – oder Seelen – entscheiden sich, in einer solchen Zeit zu leben, um Unerledigtes zu Ende zu bringen. Auf der Erde leben heute sehr viel alte Seelen, die alten Schmerz und alte Traumata aus früheren irdischen Leben auflösen möchten. In einer Epoche des Erwachens zu leben, bringt großen Nutzen, aber gelegentlich macht es das Leben auch schwer. Die alte Identität aufzugeben und sich einer neuen Herz-zentrierten Lebensweise zu öffnen, kann äußerst anstrengend sein, aber es ist der größte Wunsch der Seele, und deshalb hat sie die Gelegenheit ergriffen, sich jetzt zu inkarnieren."[103]

Wir erleben tagtäglich, wie sich die Krisenherde der Welt global verstärken, auch deshalb, weil wir oft zu lange gezögert haben, auf die Herausforderungen zu reagieren. Hoffnung liegt in dem Wissen, dass jeder Einzelne das Potenzial in sich trägt, die Herausforderungen, vor denen wir stehen, als Chance zum Wachstum zu begreifen. Wichtig ist es, sich nicht in immer neue Angstspiralen zu begeben, sondern Vertrauen in die Liebe des EINEN GEISTES zu entwickeln, die uns durchdringt. Weder Angst noch Wut, weder aggressives Verhalten noch Hass oder Schuldprojektionen auf andere sind eine Lösung, nur das kollektive Erwachen in die Liebe ist die eine Lösung.

Viele Schwierigkeiten, denen wir gegenüberstehen, sind ein Weckruf, den manche in ihren Lebensplan eingebaut haben, da sie große Angst vor Veränderungen haben. Nachtoderfahrene berichten davon, dass alles, was in unserem Leben geschieht, einem übergeordneten Sinn dient. Alles Geschehen folgt einem abgestimmten Plan und nichts geschieht zufällig und ohne unser Zutun.

Anke Evertz schreibt:

„Egal wie ich auch als Mensch mit all den Erfahrungen und Herausforderungen umgehen würde, in die Mitte meines Lebens stellte ich einen Weckruf für mich … Die Erfahrung des Todes und seiner Besonderheiten …, all das hatte ich im Vorfeld selbst festgelegt. Ich bin mir mehr als dankbar für diesen Weckruf, denn ohne ihn hätte ich all die Wunder und Möglichkeiten, die uns als menschliche Wesen zur Verfügung stehen, niemals in diesem Umfang erkannt.“[104]

Wir sind mächtige, spirituelle Wesen. Das sollten wir auf unserer Seelenreise nie vergessen. In unserer Innenwelt schlummern vielfältige Möglichkeiten, positiv auf Herausforderungen zu reagieren. Zu wissen, dass Gott in jedem von uns als göttlicher Funke präsent ist, ist für mich ein großer Trost. Wir sind nie allein und können jederzeit um Hilfe bitten. In dieser Phase des Transformationsgeschehens haben wir es mit einem Menschheitskarma zu tun, das aufgelöst werden soll. Das geht aber nur gemeinsam, nicht im Wirrwarr des Gegeneinanders.

Wir sind unsterbliche Wesen. Nach dem Tod gehen wir ein in die wahre Wirklichkeit der Liebe im Gegensatz zum irdischen Tränental. Wenn wir uns der Liebe, die wir sind, bewusst wären und sie im alltäglichen Leben und durch unsere Gedanken, Worte und Handlungen zum Ausdruck bringen würden, könnten wir gemeinsam die Leiden der Welt heilen.

ANHANG

ANMERKUNGEN

1 Moorjani, Anita: Heilung im Licht. München 2012. S. 102
2 Sartori, Penny und Walsh, Kelly. Geborgen in der Ewigkeit. Grafing 2018, S. 184
3 Ebd., S. 114
4 Ebenda, S. 139
5 Evertz, Anke: Neun Tage Unendlichkeit. München 2019, S. 50
6 Sartori, Penny und Walsh, Kelly: Geborgen in der Ewigkeit. Grafing 2018, S. 82
7 Long, Jeffrey: Neue Beweise für ein Leben nach dem Tod. München 2017, S. 43
8 Op den Dries, Ditta: Zurück aus dem Himmel. München 2013, S. 64f.
9 McVea, Chrystal: Im Himmel war ich glücklich. Asslar 2014, S. 22
10 Sartori, Penny und Walsh, Kelly. Geborgen in der Ewigkeit. Grafing 2018, S. 120
11 Ebd., S. 150
12 Jakoby, Bernard: Wege der Unsterblichkeit. München 2011, S. 20
13 Mehne, Sabine: Licht ohne Schatten. Leben mit einer Nahtoderfahrung. Ostfildern 2012, S. 72
14 Bieneck, Andreas u.a. (Hrsg.): Ich habe ins Jenseits geblickt. Neunkirchen 2006, S. 68
15 Long, Jeffrey: Neue Beweise für ein Leben nach dem Tod. München 2017, S. 27f.

16 Ebd., S. 128
17 Elsaesser, Evelyn und Ring, Kenneth: Was wir aus Nahtoderfahrungen für das Leben gewinnen. Amerang 2020, S. 150
18 Moorjani, Anita: Heilung im Licht. München 2012, S. 102
19 Elsaesser, Evelyn und Ring, Kenneth: Was wir aus Nahtoderfahrungen für das Leben gewinnen. Amerang 2020, S. 127
20 Jakoby, Bernard: Wege der Unsterblichkeit. München 2011, S. 136
21 Ebd., S. 141
22 Moorjani, Anita: Heilung im Licht. München 2012, S 97f.
23 Atwater, P.M.H.: Im Tod das Leben. Immenstadt 2015, S. 81f.
24 Parti, Rajiv mit Paul Perry: Erwachen im Licht. München 2016, S. 78
25 Ebd., S. 81
26 Sartori, Penny und Walsh, Kelly: Geborgen in der Ewigkeit. Grafing 2018, S. 186
27 Ebd., S. 98
28 Ebd., S. 99
29 Evertz, Anke: Neun Tage Unendlichkeit. München 2019, S. 54f.
30 Ebd., S. 56
31 Moody, Raymond: Nachgedanken über das Leben nach dem Tod. Hamburg 1987, S. 34f.
32 Greyson, Bruce: Nahtod. München 2021, S. 229
33 Rommer, Barbara R.: Der verkleidete Segen, Erschreckende Nahtoderfahrungen und ihre Verwandlung. Norderstedt 2004, S. 66
34 Ebd., S. 67
35 Jakoby, Bernard: Das Tor zum Himmel. Stuttgart 2016, S. 202
36 Long, Jeffrey: Neue Beweise für ein Leben nach dem Tod. München 2017, S.116
37 Ebd., S. 107
38 Ebd., S. 113
39 Elsaesser, Evelyn und Ring, Kenneth: Was wir aus Nahtoderfahrungen für das Leben gewinnen. Amerang 2020, S. 92
40 Long, Jeffrey: Neue Beweise für ein Leben nach dem Tod. München 2017, S. 131
41 Brinkley, Dannion: Geborgen im Licht. München 2010, S. 53
42 Atwater, P.M.H.: Rückkehr vom Licht. Gock 2011, S. 108
43 Jakoby, Bernard: Wege der Unsterblichkeit. München 2011, S. 185
44 Elsaesser, Evelyn und Ring, Kenneth: Was wir aus Nahtoderfahrungen für das Leben gewinnen. Amerang 2020, S. 92f.
45 Jakoby, Bernard: Wege der Unsterblichkeit. München 2011, S. 181
46 Elsaesser, Evelyn und Ring, Kenneth: Was wir aus Nahtoderfahrungen für das Leben gewinnen. Amerang 2020, S. 282f.
47 Yogananda Paramahansa: Autobiographie eines Yogi. Budapest 2001, S. 187f.
48 Ebd., S. 187f.

49 Long, Jeffrey: Neue Beweise für ein Leben nach dem Tod. München 2017, S. 162f.
50 van Lommel, Pim: Endloses Bewusstsein. Düsseldorf 2009, S. 78
51 Long, Jeffrey: Beweise für ein Leben nach dem Tod. München 2010, S. 267
52 Ebd., S. 268
53 van Lommel, Pim: Endloses Bewusstsein. Düsseldorf 2009, S. 82
54 Högl, Stefan: Leben nach dem Tod? Rastatt 1998, S. 57
55 Bieneck, Andreas et al.: Ich habe ins Jenseits geblickt. Neukirchen, 2006, S. 86
56 Ebd., S. 85
57 Bermann, Phillip: Wir sind nicht getrennt vom Himmel. Amerang 2012, S. 163
58 van Lommel, Pim: Endloses Bewusstsein. Düsseldorf 2009, S. 73f.
59 Haas, Jana: Der Seelenplan. München 2016, S. 150f.
60 Newton, Michael: Die Reisen der Seele. Wettswil 1996, S. 11
61 Ebd., S. 15
62 Ebd., S. 23f.
63 Ebd., S. 32f.
64 Ebd., S. 34f.
65 Sartori, Penny: Nahtoderfahrungen als Neuanfang. Grafing, 2015, S. 59
66 Newton, Michael: Die Reisen der Seele. Wettswil 1996, S. 54
67 Whitton, Joel und Fisher, Joe: Das Leben zwischen den Leben. München 1989, S. 61
68 Stevenson, Ian: Reinkarnationsbeweise. Grafing 1999, S. 28
69 Bowman, Carol: Mama, ich war schon einmal erwachsen. Hanau 2012, S. 138
70 Tucker, Jim B.: Kindern erinnern sich. Berlin 2014, S. 259f.
71 Whitton, Joel L.: Das Leben zwischen den Leben. München 1989, S. 45
72 Ebd., S. 51
73 Weiss, Brian: Die zahlreichen Leben der Seele. München 1994, S. 124
74 Bowman, Carol: Ich werde wieder bei Dir sein. Hanau 2016, S. 181
75 Whitton, Joel L.: Das Leben zwischen den Leben. München 1989, S. 64
76 Ebd., S. 65
77 Syring, Rüdiger: Reiseführer durch die Anderswelt. Hamburg 2019, S. 51
78 Wambach, Helen: Leben vor dem Leben. München 1980, S. 47
79 Ebd., S. 47
80 Ebd., S. 52
81 Newton, Michael: Die Reisen der Seele. Wettswil 1996, S. 175
82 Dyer, Wayne und Garness Dee: Erinnerungen an den Himmel. München 2016, S. 87
83 Ebd., S. 86
84 Ebd., S. 97
85 Ebd., S. 100
86 Schwartz, Robert: Mutige Seelen. München 2015, S. 19
87 Ebd., S. 42

88 Ebd., S. 79
89 Ebd., S. 235
90 Ebd., S. 237
91 Ebd., S. 239
92 Tamura, Michael J.: Wozu sind wir hier? Burgain 2008, S. 30
93 Ebd., S. 38
94 Wapnick, Kenneth: Einführung in Ein Kurs in Wundern. Freiburg 2019, S. 50
95 Halle, Judith von: Die Corona-Pandemie – Anthroposophische Gesichtspunkte. Dornach 2020, S. 47 und 49
96 Williamson, Marianne: Du bist stärker als Dein Schmerz. München 2017, S. 151
97 Berman, Phillip L.: Wir sind nicht getrennt vom Himmel. Amerang 2012, S. 132f.
98 Ebd., S. 143f.
99 Ebd., S. 60
100 Jakoby, Bernard: Wege der Unsterblichkeit. München 2011, S. 23
101 Jakoby, Bernard: Das Tor zum Himmel. München 2016, S. 40
102 Schwartz, Robert: Mutige Seelen. München 2015, S.42
103 Schwartz, Robert: Jede Seele plan ihren Weg. München 2016, S. 139f.
104 Evertz, Anke: Neun Tage Unendlichkeit. München 2019, S. 62

DANKSAGUNG

Ich danke Astrid Greßlin, meiner Lebensgefährtin, die mir mit viel Geduld und Liebe bei der Erstellung des Manuskripts behilflich war.

Mein Dank gilt allen Menschen, die mir ihre persönlichen Erfahrungen mitgeteilt haben.

Ich danke Gregory, der mich durch seine beständige Präsenz, Inspiration und Liebe seit nunmehr 15 Jahren begleitet.

Ein herzliches Dankeschön auch an meinen langjährigen nymphenburger Verlag.

AUTORENPORTRÄT

Bernard Jakoby, 1957 geboren, gilt im deutschsprachigen Raum als der Experte für Sterben und Trauerarbeit und als Nachfolger von Elisabeth Kübler-Ross, der Begründerin der Sterbeforschung. Durch seine Vorträge und Seminare trägt er wesentlich zur Enttabuisierung des Themas Tod bei. Seine Bücher sind Bestseller und wurden in 10 Sprachen übersetzt. Erschienen sind von ihm im Nymphenburger Verlag u.a.: »Das Erwachen der Liebe«, »Die Gesetze des Jenseits« sowie »Trost und Hilfe aus dem Jenseits«. Der Autor lebt in Berlin.

Kontakt
www.sterbeforschung.de
E-Mail: jakoby@sterbeforschung.de

LITERATUR

Atwater, P.M.H.: Im Tod das Leben. Mosquito Verlag, Immenstadt 2015

Atwater, P.M.H.: Rückkehr vom Licht. Santiago Verlag, Goch 2011

Berman, Phillip L.: Wir sind nicht getrennt vom Himmel. Crotona Verlag, Amerang 2012

Bieneck, Andreas u.a. (Hrsg.): Ich habe ins Jenseits geblickt. Neukirchener Verlag, Neukirchen-Vluyn 2006

Bowman, Carol: Ich werde wieder bei Dir sein. AMRA Verlag Hanau 2016

Bowman, Carol: Mama, ich war schon einmal erwachsen. AMRA Verlag, Hanau 2012

Brinkley, Dannion: Geborgen im Licht. Knaur MensSana Verlag, München 2010

Dyer, Wayne und Garness, Dee: Erinnerungen an den Himmel. Heyne Verlag, München 2016

Elsaesser, Evelyn und Ring, Kenneth: Was wir aus Nahtoderfahrungen für das Leben gewinnen. Crotona Verlag, Amerang 2020

Evertz, Anke: Neun Tage Unendlichkeit. Ansata Verlag München 2019

Greyson, Bruce: Nahtod. Ansata Verlag, München 2021

Goldmann TB Trinity Verlag, München 2016

Högl, Stefan: Leben nach dem Tod? Edel Germany GmbH Moewig Verlag, Rastatt 1998

Jakoby, Bernard: Das Tor zum Himmel. Nymphenburger Verlag, Stuttgart 2016

Jakoby, Bernard: Wege der Unsterblichkeit. Rowohlt Taschenbuch, München 2013

Long Jeffrey: Beweise für ein Leben nach dem Tod. Goldmann Verlag, München 2013

Long, Jeffrey: Neue Beweise für ein Leben nach dem Tod. Goldmann Verlag, München 2017
McVea, Crystal und Tresniowski, Alex: Im Himmel war ich glücklich. Gerth Medien, Aßlar 2014
Mehne, Sabine: Licht ohne Schatten. Patmos Verlag, Düsseldorf 2013
Moody, Raymond: Nachgedanken über das Leben nach dem Tod. Hamburg 1978
Moorjani, Anita: Heilung im Licht. Arkana Verlag, München 2012
Newton, Michael: Die Reisen der Seele. Astrodata, Wettswil Schweiz 1996
Op den Dries, Ditta: Zurück aus dem Himmel. Crotona Verlag, Amerang 2013
Parti, Rajiv und Perry, Paul: Erwachen im Licht. Heyne Verlag, München 2020
Rommer, Barbara R.: Der verkleidete Segen. Santiago Verlag Goch 2004
Sartori, Penny und Walsh, Kelly: Geborgen in der Ewigkeit. Aquamarin Verlag, Grafing 2018
Sartori, Penny: Nahtod-Erfahrungen als Neuanfang. Aquamarin Verlag, Grafing, 2015
Schwartz, Robert: Mutige Seelen. Heyne Verlag München 2015
Stevenson, Ian: Reinkarnationsbeweise. Aquamarin Verlag, Grafing 2011
Syring, Rüdiger: Reiseführer durch die Anderswelt. Tredition Verlag, Hamburg, 2019
Tamura, Michael J.: Wozu sind wir hier? KOHA-Verlag, Isen 2008
Tucker, Jim B.: Kinder erinnern sich. Allegria Taschenbuch, Berlin 2014
van Lommel, Pim: Endloses Bewusstsein. Patmos Verlag, Düsseldorf 2022

von Halle, Judith: Die Corona-Pandemie – Anthroposophische Gesichtspunkte. Verlag für Anthroposophie, Dornach Schweiz 2020

Wambach, Helen: Leben vor dem Leben. München 1980

Wapnick, Kenneth: Einführung in Ein Kurs in Wundern. Greuthof, Freiburg im Breisgau 1999

Weiss, Brian L.: Die zahlreichen Leben der Seele. Goldmann Verlag, München 2005

Whitton, Joel L. und Fisher, Joe: Das Leben zwischen den Leben. München 1989

Williamson, Marianne: Du bist stärker als Dein Schmerz. Scorpio Verlag, München 2020

Self-Realization Fellowship, Budapest 2001

Bildnachweis
Mit 1 Schwarzweißfoto von Bernard Jakoby
(Autorenfoto S. 210).

Impressum
Umschlaggestaltung von Claudia Geffert unter Verwendung eines Farbfotos von Jacob_09/shutterstock_662733745.
Das Foto zeigt einen Sonnenuntergang in den Bergen.

Unser gesamtes Programm finden Sie unter **kosmos.de/nymphenburger**

FSC www.fsc.org MIX Papier | Fördert gute Waldnutzung FSC® C083411

Gedruckt auf chlorfrei gebleichtem Papier

ISBN 978-3-96860-022-2
Projektleitung: Monika Riedlinger-Sinanmis
Redaktion: Magdalena Kieser
Gestaltung und Satz: Satzwerk Huber, Germering
Produktion: Angela List
Druck und Bindung: CPI books GmbH, Leck
Printed in Germany / Imprimé en Allemagne